Klaus Eickhoff

„Ich muss
mit dir reden."

Klaus Eickhoff
„Ich muss mit dir reden."

Best.-Nr. 271 627
ISBN 978-3-86353-627-5

Soweit nicht anders angegeben,
wurden die Bibelstellen zitiert nach:
Neue Genfer Übersetzung NT + PS,
Genfer Bibelgesellschaft,
1032 Romanel-sur-Lausanne, Schweiz,
Erste Auflage 2011.

Außerdem wurde verwendet:
Elberfelder Bibel 2006
© 2006 by SCM R.Brockhaus
in der SCM-Verlagsgruppe GmbH Witten/
Holzgerlingen (ELB).

1. Auflage
© 2019 Christliche Verlagsgesellschaft Dillenburg
www.cv-dillenburg.de
Satz und Umschlaggestaltung:
Christliche Verlagsgesellschaft Dillenburg
Umschlagmotiv: © Pixabay.com
Druck: GGP Media GmbH, Pößneck
Printed in Germany

INHALTSVERZEICHNIS

VORWORT

Der Verfasser des vorliegenden Buches hat – welch eine Seltenheit in der Gegenwart – wirklich etwas zu sagen. Man hört ihm zu und merkt: Hier ist kein leeres Wortgeklingel, hier wird nicht pathetisch eine unwiederbringliche Vergangenheit beschworen oder anspruchsvoll die Welt von morgen oder übermorgen entworfen, hier wird uns nicht die Belesenheit des Autors vorgeführt, und hier werden wir nicht mit Schlagworten erschlagen. Nein, hier ist helfendes Wort. Vernimmt man es, bekommt man wieder Lust zu leben. Und das Größte: Diese Lebensfreude hört nicht morgen wieder auf wie nach einem kurzen Rausch, sondern sie bleibt, wenn auch manchmal unter Nöten und Kämpfen. Tatsächlich, sie bleibt!

Weil ich mich dafür verbürgen kann, und weil ich den Verfasser seit vielen Jahren gut kenne, darum bin ich seiner Bitte um ein Vorwort gerne nachgekommen. Ich möchte nichts vom Inhalt dieses Buches vorwegnehmen, sondern nur daran erinnern, dass einer der Größten in der Geistesgeschichte, Aurelius Augustinus, durch die unerwartete Aufforderung „Nimm und lies!" ein ganz neuer Mensch geworden ist. Ein paar inhaltsreiche Sätze, die er damals las und sich zu eigen machte, haben ihn von seinen

Gebundenheiten, von seiner Angst, seiner Skepsis und seinem trügerischen Idealismus befreit. Aus einem Mann, der seiner Umwelt eine Belastung gewesen war, wurde ein Wegweiser für viele.

Warum sollte sich das nicht wiederholen? In diesem Buch stehen Sätze, die ähnliche Kraft haben, weil sie über sich hinausweisen auf das eine Wesentliche. Darum nimm und lies!

Dr. Joachim Bieneck
Wuppertal-Barmen
Johanneum

„ICH MUSS MIT DIR REDEN."

Mein Telefon klingelt. Gerhard meldet sich hastig und aufgeregt. Er spricht so schnell, dass ich kaum etwas verstehe. „Beruhige dich erst einmal und sag mir, was los ist!", fahre ich dazwischen. Gerhard reißt sich zusammen. Er spricht ruhiger und sagt: „Du, ich muss mit dir reden!" Und noch einmal sagt er, wobei ihn die Aufregung wieder übermannt: „Da ist ein tolles Ding passiert. Ich muss mit dir reden."

Wenn jemand sagt: „Ich muss mit dir reden", dann hat er etwas weiterzusagen. Er weiß etwas, was ich unter Umständen noch nicht weiß. Ich bin gespannt.

„Ich muss mit dir reden." ist der Titel dieses Buches. Während ich schreibe, bin ich aufgeregt wie Gerhard am Telefon. Mir geht es wie ihm. Ich habe etwas erfahren. Das möchte ich weitersagen. Andere haben es mir gesagt, und ihnen ist es auch gesagt worden. Es gab eine Zeit, da habe ich mir nicht vorstellen können, dass es das gibt, was ich hier schreibe. Darum möchte ich auch in erster Linie nicht die anreden, die es schon wissen. All jenen soll dieses

9

Buch gewidmet sein, die es bisher ebenfalls nicht für möglich halten und es darum nicht glauben.

Jedoch eigentlich möchte nicht ich es sein, der hier redet. Hinter denen, die das Geheimnis sagen und weitersagen, steht immer der Eine, von dem es heißt, dass er geredet und große Taten getan hat. Es kann sich darum auf den folgenden Seiten ereignen, dass der Leser unversehens vor ihn gestellt ist. Dann wäre er aufgefordert, aus dem Nebel eigener Vorstellungen herauszutreten in ein unvermutetes Licht. Und das ist die große Absicht des Einen, wenn er uns – selbst sehr beteiligt – anruft: „Ich muss mit dir reden."

I. Sehnsucht

1. IDOLE

Zigtausend Arme ausgestreckt über einem Meer von Köpfen. Sie neigen sich nach mitreißender Musik. Auf der Bühne die angehimmelte Band. Junge Leute im Massenrausch. Bewegung. Gefühle. Schreie. Ekstase. Begeisterung.

Welch eine Energie wird da frei! Welch eine Glut bricht da auf und steigt in den Himmel über der großen Stadt!

Die auf der Bühne haben die Glut nicht gemacht. Sie haben nur aufgeheizt, was innerlich schon schwelte. Jetzt bricht es hervor wie Lava aus einem Vulkan: aufgestaute Sehnsucht, die aus der Tiefe junger Menschen kommt. Sie greifen nach ihren Idolen. Es ist, als griffen sie nach dem Leben.

Ein riesiger Platz voll sehnsüchtiger Menschen! Sie sind jung, wollen leben, möchten glücklich sein. Sie schreien ihre Sehnsucht in die Welt hinaus: „Wofür sind wir denn sonst da? Wir wollen etwas erleben! Wer ahnt denn, wie viel Hunger in uns steckt? Wir möchten leben, großartig leben! Papa, Mama, versteht ihr das nicht?"

Die jungen Leute – hier und auf der ganzen Welt – sind wie ein Schrei nach dem Leben. *Danach* sehnen

11

sie sich, *danach* lechzen sie. Wer tut das nicht? In allen Menschen liegt Lebenssehnsucht, unbändig und stark.

Natürlich gibt es viele, die bei solchen Konzerten nicht zu finden sind. Sie lernen vielleicht ihre Vokabeln, ehrgeizig, pflichterfüllt. Und doch – ist es nicht derselbe Antrieb, der diese zu den Büchern treibt und jene zu den Idolen auf der Bühne, der Antrieb, das Leben zu gewinnen?

Leben – die Sehnsucht ist groß. Jeden von uns betrifft sie. Jeden von uns bewegt sie. Jedoch: So verschieden die Menschen sind, so verschieden äußert sie sich. Es ist *eine* Sehnsucht, aber sie treibt uns auf *vielen* Wegen vor sich her. Junge Menschen treibt sie in Scharen zu ihren Idolen. Warum? Idole vermitteln einen Hauch vom großen Leben. Aber ein Hauch vom großen Leben ist nicht das große Leben selbst. Das ist das Problem: Idole können die Sehnsucht nicht stillen. Sie konnten es zu keiner Zeit.

2. LIEBE

Eine junge Frau; ein junger Mann. Ich sehe sie in einem Café. Wie alle Verliebte haben sie nur Augen füreinander. Sie strahlen, lachen, flüstern, reden, halten sich die Hände und küssen sich ab und zu. Eine schöne Zeit im Leben der Menschen.

„Die Liebe, das ist unser Leben", las ich irgendwo. Kaum ein Satz kann uns so überzeugen wie dieser. Nichts in der Welt treibt die Menschen so um wie die Liebe. Viele Leute reden davon. Sie schreien nach Liebe, besingen die Liebe, beweinen die Liebe. Im Namen der Liebe umarmen sie sich. Im Namen der

Liebe bekämpfen sie sich. Sie schenken sich Leben – oder töten sich – im Namen der Liebe.

Die Sexwelle, die wir in den westlichen Ländern seit Langem erleben, ist nicht einfach nur „schlecht". Ist sie nicht der Ausdruck einer Verzweiflung? Eine Menschheit, der die Liebe immer mehr verloren geht, sucht sich ihren Ausweg in der Sexualität. Es ist so, als ahne es alle Welt: Wenn wir die Liebe verlieren, geht uns ein Stück des Lebens verloren. Wer nicht weiß, was Liebe ist – so glauben viele –, der hat nicht gelebt.

Da sitzen die zwei jungen Leute und haben nicht einen Gedanken frei für etwas anderes als sich selbst und ihr großes Glück. Was ist das, was Mann und Frau da zusammentreibt?

Die Hand des jungen Mannes umschließt die Hand seiner Partnerin. Die Knöchel seiner Finger treten dabei weiß hervor. Mir ist, als meine dieser entschlossene Griff mehr als die junge Frau. Für den jungen Mann ist sie der Inbegriff des Lebens, und für sie ist er es, der junge Mann. *Das* ist es. Sie greifen nacheinander und meinen – das Leben.

Haben sie das Leben schon, wenn sie sich haben? „Die Liebe, das ist unser Leben", geht dieser Satz ganz auf? Und wenn es den Verliebten eines Tages wie vielen ergeht, wenn der Streit kommt, die Trennung, ist dann das Leben wieder passé?

Selbst wenn die Liebe durchträgt und hält – kann sie unsere ganze Sehnsucht nach Leben stillen? Kann sie es wirklich?

Der Dichter Manfred Hausmann schreibt über die Liebe:

„Als ich noch nichts wusste, dachte ich, sie erhöbe den Menschen. Sie tut es ja auch, jaja, aber sie überwältigt ihn zugleich mit Unseligkeit und Irrsal. Und je tiefer man liebt, um so unseliger wird man. Denn nie, nie, nie geschieht die Erfüllung ..., alles, was die Menschen in ihrem Liebesüberschwang und in ihrer Menschenarmseligkeit ersinnen, ist vergeblich. Sie bleiben Gesonderte. Und immer ist die rätselhafte Fremdheit vorhanden. Und nie wird der Traum zu Ende geträumt. Mann und Weib, Weib und Mann. Immer zwei. Immer anders und unheimlich in ihren Gedanken und Gefühlen und tief in ihrem Geschlecht. Und sie möchten doch so aneinander sein, dass es keine Grenze mehr gäbe und keine Zweiheit, sie möchten doch grenzenlos eins sein. Das ist das Schlimme." Und dann: „Nie ist es die Erfüllung. Darum dämmert ja auch um alle Liebenden, die aufrichtig in der Liebe stehen, diese merkwürdige Traurigkeit. Ich sehe und weiß es, und andere sehen und wissen es auch."[1]

Unsere Sehnsucht ist auf mehr aus als auf die Liebe, die doch einmal zu Ende gehen muss – spätestens im Tod. Die Sehnsucht ist groß. Sie kommt nicht zum Ziel auf dem Weg der Liebe. So findet die Sehnsucht noch andere Wege, auf die sie uns treibt.

3. KARRIERE

Seine Beerdigung ging über das Übliche hinaus. Nie waren so viele Menschen in der Friedhofskapelle

---

1   Manfred Hausmann, „Martin, Isabel, Andreas", Gütersloh 1968, Seite 145 ff.

zusammen gesehen worden, nie gab es so schöne Kränze in solch großer Zahl. Selten hatte der Pfarrer so bewegend gesprochen, das Gleiche ist von den Vertretern der Stadtverwaltung und Vereine zu sagen. Er habe ein großes Leben gelebt, voller Tatkraft, voller Wohltätigkeit und voller Erfüllung. Die Redner wetteiferten miteinander. Viele waren des Lobes und der Trauer voll. Nur eine unter den vielen wusste, dass das nicht die *ganze* Wahrheit war – seine Witwe.

Spulen wir den Film des verblichenen Lebens zurück.

Da ist ein junger Mann. Wie ein Feuer brennt auch in ihm die Sehnsucht nach dem Leben. Seine Eltern meinen es gut mit ihm und sagen: „In deinen Idolen findest du das Leben nicht. Auch die Liebe kann dich enttäuschen. Aber wenn du tüchtig bist, arbeitsam, fleißig und klug, dann meisterst du das Leben."

Er hört das. Er glaubt seinen Eltern. Und so springt seine Sehnsucht an auf das, was sie ihm sagen. Begabt ist er. Dazu kommen Ehrgeiz und Fleiß. Er erhält die besten Zeugnisse und sehr gute Beurteilungen von maßgebenden Stellen. Beneidenswert ist die Karriere, die vor ihm liegt. Und er geht seinen Weg, nüchtern, zielstrebig und klar. Er sieht nicht nach rechts oder links. Für ihn gibt es nur ein Ziel: „Ich will im Leben zu etwas kommen. Ich will mein Leben groß herausbringen. Ich will mich durch nichts aufhalten lassen."

Großartig! Einer, der weiß, was er will. Er geht mit wachen Augen durch die Welt. Er lernt und arbeitet, er arbeitet und lernt, hat das Glück des Tüchtigen auf seiner Seite. Erfolge bleiben nicht aus. Stufe um Stufe klettert er höher, wird mit Beifall bedacht. Die

Leute schmeicheln ihm. Seine alten Lehrer erzählen stolz: „Er war einmal unser Schüler." Sie wollen ein wenig von dem Glanz einfangen, der ihn umgibt. Und da ist sehr viel Glanz.

Die Zeit geht ins Land. Nach 25 Jahren feiert er sein Jubiläum. Er hört viele gute Reden, unser Mann. Er hört sie gern, denn sie sprechen von seiner Größe und seiner Leistung. Ein Vorbild für die Jugend sei er geworden. Hat jemand ein erfülltes Leben, dann er, der das Leben bezwungen hat.

Am Abend seines großen Tages zieht er Bilanz. Bilanz der Jahre. Er überdenkt sein Leben. Er hört im Geist noch einmal die guten Worte wohlmeinender Menschen, liest noch einmal, was die Zeitungen über ihn schreiben. Es tut wohl zu wissen: „Ich habe wirklich etwas geschaffen." Aber er will nicht stehen bleiben. Da liegen längst neue Pläne im Schreibtisch. Seine Energien sind – so glaubt er – noch lange nicht verbraucht.

Hier ist ein bestechendes Leben, klar und abgerundet. Es ist an alles gedacht, nicht nur an das flüchtige Heute. Auch für die Zukunft ist gesorgt. Unser Mann weiß doch, was er will. Er ist immer Realist gewesen. Komme ihm keiner mit dem Gerede, dass es außerhalb seines Lebenskreises noch wesentliche Werte gebe. Er weiß doch, was zählt: Tüchtigkeit, Einfluss, Zielstrebigkeit, Intelligenz! So geht er mit wachen Augen durch die Welt. Das Fantasieren und Träumen überlässt er anderen, die zu nichts kommen. Er geht nüchtern seinen Weg, unaufhaltsam, Schritt für Schritt.

Viel ist über ihn nicht mehr zu sagen. Noch in der gleichen Nacht nach dem aufregenden Jubiläum bekam er einen Schwächeanfall. Bald darauf machte das Herz nicht mehr mit. Er starb in den Armen seiner fassungslosen Frau. Später erzählte sie ihrer Mutter, nach seinem Schwächeanfall habe er, wohl sein Ende ahnend, geweint wie ein Kind: „Mir ist, als habe ich ein Leben lang geträumt."

„Warum denn?", hatte die Frau gefragt. „Warum denn geträumt?"

„Ich habe nur an den Erfolg gedacht – was bleibt mir jetzt davon? Ich habe das Leben gesucht und nur Erfolge gefunden."

Was ist das? Wie kann ein lebenslanger Realist in seiner letzten Stunde sagen, ihm sei, als habe er ein Leben lang geträumt? Gelten in der Sterbestunde plötzlich andere Maßstäbe? Offensichtlich. Da überkommt viele eine nie gekannte Nüchternheit. Diese letzte Stunde, in der wir für immer unsere Augen schließen, hat manchem Menschen überhaupt zum ersten Mal die Augen geöffnet.

Unser Mann war ein kühler Rechner gewesen. Aber zum Schluss ging die Rechnung seines Lebens nicht auf. In den Erfolgen war das Leben nicht. Seine Sehnsucht war auf etwas angesprungen, was sie in der Tiefe nicht zu stillen vermochte.

Die Sehnsucht ist groß. Auch auf dem Weg der Karriere findet sie nicht, was sie sucht.

4. IN EINEM LOKAL

Es gibt Menschen, über die der Bürger die Nase rümpft. Sie leben am Rande der Gesellschaft, weil ihr Leben nicht in den geordneten Bahnen verläuft, wie es die Umwelt erwartet.

Eric war 34 und diesmal noch ziemlich nüchtern. Auf jeden Fall war er nicht betrunken wie die am Nebentisch, die über ein Fußballspiel diskutierten. Er hatte gerade so viel Alkohol zu sich genommen, dass er mir Dinge erzählte, die er sonst – wie sich herausstellte – still mit sich herumtrug.

Als ich 20 Minuten vorher das Lokal betreten hatte, war mir Eric nicht besonders aufgefallen. Er hatte die Flugschrift, die ich an alle Gäste verteilte, gelangweilt angesehen. An einem voll besetzten Tisch war es zu einem ziemlichen Wirbel gekommen. Die jungen Herren hatten mich herangerufen:

„Wir brauchen deinen Gott nicht, Männeken!", hatte der eine geschrien. „Die Kirche hat sowieso ausgespielt – oder biste ein ‚Jehova'? Und überhaupt ... und überhaupt!" Dann waren noch mehr Gäste herangerückt.

Einer hatte gesagt: „Es gibt keinen Gott."

Ein anderer: „Es gibt doch einen Gott. Ein höheres Etwas jedenfalls, die kosmische Energie."

Natürlich hatte auch jemand gemeint: „Ich glaube nur, was ich sehe."

Als ob er das noch glauben müsste.

Dahinein hatte ich gesprochen, so laut, dass mich alle hören konnten, auch Eric hinter seinem Glas Bier.

„Leute, ihr könnt auf Gott spucken und treten, ihr könnt auf ihn schimpfen und fluchen, aber eines könnt ihr nicht: Ihr könnt nicht verhindern, dass er euch liebt. Wer ahnt denn, was es heißt, auf Gott zu verzichten!"

Es war still geworden. Auch die Musikbox hatte während meiner Worte aufgehört zu spielen, als müsste sie erst einmal nach Luft schnappen. Natürlich war mir dann widersprochen worden, mehr oder weniger laut.

Nachdem ich noch einiges gesagt hatte, war Eric da. Er packte mich am Arm und zog mich an seinen Tisch:

„Ich muss mit dir reden."

„Gut", sagte ich, „ich habe Zeit für dich."

Eric hatte einiges an Höhen und Tiefen des Lebens hinter sich. Er erzählte mir viel.

„Was machst du eigentlich sonst?", unterbrach ich ihn zwischendurch einmal.

„Wann?", fragte er zurück.

„Na, wenn du einmal abends nicht hier bist!"

„Ich bin immer hier", sagte Eric, ohne eine Miene zu verziehen.

„Mann, das ist doch nicht dein Ernst!", fuhr es mir heraus.

„Abend für Abend sitzt du hier und lässt dich volllaufen? Warum machst du das?"

Einen Moment lang war es zwischen uns still. Dann packte Eric mit beiden Händen sein Bierglas und hob es langsam hoch, als habe es ein sehr schweres Gewicht. Er sah es an wie ein Verliebter seine Braut und sagte:

„Mensch, ich will was vom Leben haben, ein bisschen was vom Leben. Verstehst du das nicht?"

Was mir seine Worte nicht sagten, das sagte mir sein Gesicht. Es geriet in eine eigentümliche innere Bewegung, als er sprach. In seinen Augen flackerte etwas auf, was mich berührte. Ich sah seine Hände. Sie krallten sich um das Glas, dass ich meinte, es müsse zerspringen. Da sah ich wieder weiße Knöchel durch die Haut schimmern. Sie erinnerten mich an den jungen Mann, der nach seinem Mädchen griff. Mir war klar, dass auch Eric etwas anderes meinte, nicht sein Glas Bier, sondern das, was es für ihn bedeutete: ein kleines Stück vom Leben.

Wer könnte das nicht verstehen? Hier war sie wieder – die Sehnsucht nach dem Leben. Viele suchen das Leben anderswo als Eric. Aber dass alle Menschen es suchen, das ist doch klar. Wer hat das Recht, sich über ihn als Richter zu erheben? Er ist darum, weil seine Sehnsucht ihn in die Kneipe treibt, nicht schlechter als andere, die vielleicht in einen Konzertsaal gehen. Solche moralischen Unterscheidungen wachsen auf dem Boden einer oberflächlichen Bürgerlichkeit, die nur das Äußere sieht und das Innere nicht kennt. Natürlich ist die Atmosphäre in einem Konzertsaal ästhetischer und weit gesünder als in einer rauchigen Kneipe. Aber Ästhetik ist wohl auch nichts anderes als eine von ungezählten Verleiblichungen der einen, uns allen vorgegebenen Sehnsucht.

„Ich will etwas vom Leben haben!" Dieser Ruf geht durch die ganze Welt, auch durch die Seele eines Alkoholikers.

Eric stellte das Bierglas wieder auf den Tisch. Dann sank er mit einem Mal in sich zusammen. Um seinen Mund zuckte etwas, was ihn alt machte: Spuren von Resignation. Mir war, als würde er ahnen, dass in dem, wonach er griff, das Leben nicht lag. Seine Sehnsucht war in eine Sackgasse geraten, die nicht zum Ziel führt. Wenn er es wirklich ahnte, so war er der Wahrheit näher als solche, die über ihn die Nase rümpfen und sich selbstsicher auf anderen, längeren Sackgassen bewegen.

5. Alte Leute

Da sind Menschen, die hinter sich haben, was andere gerade durchschreiten. Sie blicken zurück auf das Leben, das vor jungen Leuten wie ein zum Teil unentdecktes Land liegt. Alte Menschen stehen oft abseits. Viele nehmen sie nicht ernst. „Sie sind seltsam", sagen sie, „altmodisch und nicht mehr in." Jüngere Menschen bringen sich um einiges, wenn sie so denken und entsprechend handeln. Alte Leute haben oft etwas zu sagen, was sich junge Leute nicht selbst sagen können. Schon darum sollte ihre Gegenwart nicht gering geschätzt werden.

Was haben die Alten zu sagen? Die Alten sagen den Jungen, wer sie einmal sein werden, geben ihnen den Blick frei für ihre eigene Zukunft, damit sie heute wissen, wer sie morgen sind.

Sehen wir in die Gesichter alter Leute. Da sind Falten eingegraben. Sind sie nicht wie Runen, die man lesen kann? Da kommt oft zweierlei zusammen in einem alten Gesicht. Es liegt beides ineinander wie in einem Gewebe, aus verschiedenen Fäden gewirkt: Weisheit und Resignation. Weisheit macht ein altes Gesicht schön. Resignation erschreckt.

Resignation! Das sind Spuren der Sehnsucht, die nicht zum Ziel gekommen ist. Die Alten waren auch einmal jung. Auch sie waren durchglüht von der Sehnsucht nach dem Leben, haben zugegriffen, irgendwohin. Es war der Griff ins vermeintlich volle Leben.

Eine Zeit lang hielten sie wohl auch etwas, aber es entglitt ihnen wieder unter der Hand. Sie entdeckten, dass es nicht das Leben war. Der Griff war ins Leere gegangen. Warum, fragen wir, griffen sie ins Leere? Die Antwort ist einfach und wiegt doch zentnerschwer: Das Leben war nicht dort, wo sie es vermuteten. So kamen die Spuren von Resignation in ihr Gesicht, Spuren, die jungen Menschen ein Stück Grauen vor dem Alter einflößen. Resignation ist enttäuschte Sehnsucht. Alte Menschen wissen von den Sackgassen des Lebens. Sie sind manche Wege gegangen, auf die sie ihre Sehnsucht trieb, und standen eines Tages vor der Mauer, die ihre Sehnsucht zerschellen ließ.

Ahnen junge Leute, dass ihre Sehnsucht auch einmal an der Mauer der Enttäuschung zerschellt? Eines ist sicher: Es müsste wohl ein Wunder her, sollte es heutigen jungen Menschen im Alter anders ergehen. Gibt es solch ein Wunder?

Und dann ist da das andere, das oft in den Gesichtern alter Menschen geschrieben steht. Es ist ihnen eingezeichnet; mehr noch, es zeichnet sie aus: Weisheit. Wir finden sie bei denen, die die enttäuschte Sehnsucht kraft einer tiefen Einsicht überwunden haben: Das Leben liegt nicht in den „Dingen". Das erkannt zu haben macht weise. Solches hat uns manch ein älterer Mensch voraus.

Das Leben liegt nicht in den „Dingen". Diese auf langem Wege erworbene Erkenntnis macht die Alten etwas unabhängiger von den Dingen, und diese Unabhängigkeit macht sie den Jüngeren überlegen. Die Jungen brauchen die Alten, die sie das lehren: Das Leben liegt nicht in den „Dingen".

6. EIN HUNGER, DER AUFS GANZE GEHT

Die Geschichte der Menschheit ist die Geschichte einer großen Sehnsucht. Generation um Generation geht über die unsichere Scholle unserer Erde, voller Sehnsucht, voller Hoffnung, voller Utopie. Auf schwankendem Boden bauen wir verbissen unsere Häuser, als würden wir in ihnen ewig zu Hause sein. Doch am Ende schluckt uns dieselbe Erde, die uns vorher trug. Ein Strom von Menschenleben und Menschenschicksalen zieht ständig über unseren Erdball, der im All nur ein winziges Dasein fristet. Unüberschaubar ist die Masse, wie Ameisen einem Instinkt gehorchend. Und doch sind es Menschen, viele einzelne Menschen. Ihre Sehnsucht ist es, die sie in Bewegung hält, ihre Sehnsucht nach dem Leben. Die jungen Popkonzert-Begeisterten gehören dazu, Eric ist einer von ihnen, der Mann mit der großen Karriere ein anderer, das junge Paar, die alten Leute, die biederen Leute, die High Society. Sie haben alle die gleiche Lebenssehnsucht.

So verschieden die Menschen sind, aus welchen Schichten sie auch kommen, in welchen Epochen sie auch lebten – hier ist, was sie eint: Sehnsucht nach dem Leben durchpulst uns wie ein Naturgesetz. Von den Naturgesetzen aber sagen uns Philosophen, dass mit ihnen so etwas wie ein Jenseits, wie ein Absolutes, in unsere Welt „kriecht".[2] Ist es absolute Sehnsucht, die uns treibt?

---

2   J. M. Bochénski, „Wege zum philosophischen Denken" (Herder Bücherei), 5. 15: „Denn mit der Annahme des Gesetzes kriecht in unsere Welt so etwas wie ein Jenseits."

Die Sehnsucht des Menschen ist größer, als er ahnt. Wenn wir sagen, es ist absolute Sehnsucht, dann ist sie nur durch eine absolute Erfüllung zu stillen. Der Schrei nach dem Leben – geschrien aus allen menschlichen Kehlen, der Schrei, der in dieser Welt nie verstummt, nie verhallt, sondern sich hindurchschwingt durch die Jahrtausende bis an das Ende der Zeiten – ist absoluter Schrei. Weil hier absoluter Schrei laut wird in einer von Vergänglichkeit gezeichneten Welt, darum ist sein begeistertes oder verzweifeltes Rufen nur durch ein absolutes Leben zu beantworten. Hier kommen wir in die Nähe eines Geheimnisses. Seine negative Seite haben wir schon angedeutet. Sie besagt, dass wir in den Dingen dieser Welt niemals Erfüllung finden. Die Dinge sind nicht absolut. Sie unterliegen dem Zerfall. Sie geben darum nicht her, wonach unsere Sehnsucht strebt. Nach einem Wort von Nietzsche will jede Sehnsucht *tiefe, tiefe Ewigkeit.* Das ist es, was wir vergessen haben.

Wir wollen leben. Hierin sind wir uns alle einig. Wir greifen hierhin und dorthin, um das Leben zu packen. Aber wir werden am Ende leer ausgehen, wie so viele vor uns und nach uns auch. Ein unabänderliches Gesetz liegt über uns: Mit den Dingen, als da sind Geld und Gut, Karriere und Glück, ist uns nicht wirklich geholfen. Und wenn wir uns glücklich verheiraten, es hilft uns diesbezüglich auch nicht. Unsere Welt hat zu viele Menschen alt werden und sterben sehen, die das alles hatten und doch am Ende entdeckten, dass die Summe dieser Dinge nicht das Leben war. Müssen wir erst alt werden und sterben, um zu wissen, dass es das gibt: ein Leben lang da gewesen – und doch nicht gelebt!?

Unsere Sehnsucht nach Leben ist wie ein unstillbarer Hunger. Er ist durch ein „Etwas-vom-Leben-Haben" nicht zu sättigen. Aber – so wird vielleicht jemand fragen – kommen wir denn darüber jemals hinaus? Auch der reichste Mensch wird am Ende nur „etwas" vom Leben gehabt haben. Das ist richtig. Seine Sehnsucht war aber auf mehr angelegt als nur auf *etwas*. Sie ging aufs Ganze.

Müssen wir uns mit dem Etwas zufriedengeben?

Wenn unsere Sehnsucht nach dem Leben aufs Ganze geht, dann muss das Leben, das diese Sehnsucht zu stillen vermag, ein unteilbares Ganzes sein. Nur der Mensch, der zu diesem Ganzen käme, könnte sagen, dass seine Sehnsucht zum Ziel gekommen sei.

Absolute Sehnsucht ruft nach absolutem Leben! Die Sehnsucht sei wie ein Hunger, haben wir gesagt. Bleiben wir im Bild: Wir leben von Brot. Aus einzelnen Zutaten – Mehl, Hefe, Wasser, Salz – backen wir es. Stellen wir uns vor, solch gebackenes Brot sei das ganze, unteilbare Leben, das allein alle Sehnsucht stillen kann. Wer kein Brot bekommt, wird nicht satt. Doch unser Irrtum liegt in Folgendem: Mit dem großen Hunger, der auf Brot zielt, machen wir uns über einzelne „Zutaten" her. Wir greifen nach „Mehl und Hefe" und haben damit Teile – aber nicht Brot, nicht das Ganze, niemals das Leben. „Zutaten zum Leben" machen nicht satt. Das Brot des großen Lebens ist nur ungeteilt zu empfangen. Leben gibt sich immer nur ganz oder gar nicht.

Absolute Sehnsucht ruft nach ganzem, absolutem Leben. Es kommt alles darauf an, dass es dieses gibt – und dass wir in der Lage sind, es als Ganzes zu empfangen.

II. Geheimnis

1. ABSOLUTES LEBEN

In einer kleinen Stadt kursiert ein Geheimnis. Es wird durch die Wenigen, die es wissen, sorgsam gehütet und geschützt. Manchmal weiht einer in der Stille einen anderen ein. So geht es leise einher und bleibt doch weiter Geheimnis. Eines Tages jedoch wird es von einem der Eingeweihten preisgegeben. Es steht kurz darauf in der Zeitung und wird von der ganzen Stadt begierig gelesen. Im Nu ist das Geheimnis nicht mehr, was es war. Wenn alle darüber verfügen, hört ein Geheimnis auf, Geheimnis zu sein. Es ist zerstört.

So ist es unter uns Menschen, so ist es mit unseren Geheimnissen: Sie sind von uns abhängig. Sie sind zerstörbar.

Hier soll von einem Geheimnis die Rede sein, das eine andere Qualität besitzt. Nicht wir Menschen ermöglichen es. Es ermöglicht sich selbst. Es lässt sich wohl weitersagen, aber nicht unmittelbar durch Weitersagen erfahren. Es ist unzerstörbar, bleibt immer Geheimnis. Und wenn alle Zeitungen es eines Tages auf ihrer Titelseite herausbrächten: Es würde gelesen, diskutiert, kommentiert, untersucht, zerlegt, gelobt und kritisiert, aber erfahren würde es auf diesem Weg nicht. Selbst durch Publikation ist dieses Geheimnis nicht zu zerstören. Es ist dafür gesorgt, dass es die Masse nicht erfährt. Es ist erfahrbar um den Preis, dass ein Mensch heraustritt aus der Masse.

Es ist das Geheimnis des unteilbaren, absoluten Lebens.

Es gibt keinen Beweis für das absolute Leben. Wäre es beweisbar, wäre es nicht absolut. „Es wird niemals möglich sein, durch rationales Denken zu einer absoluten Wahrheit zu kommen", sagt der große Naturwissenschaftler Werner Heisenberg.[3] Absolutes ist unbeweisbar. Nur Beweisbares lässt sich in Messgeräte zwingen. Absolutes bekommen wir nicht in die Reagenzgläser der Vernunft. Absolutes teilt sich auf anderem Weg mit. Es entzieht sich, wo wir es auf unsere Wege zwingen wollen. Keinem unserer Zugriffe ist es zu unterwerfen. Seine Qualität liegt u. a. gerade in seiner Unbeweisbarkeit.

Wer Absolutes von vornherein ausschließt, schließt sich selbst vom Geheimnis aus. Wissenschaftlich kann sich das Ausschließen des Absoluten nicht geben. Es hätte sogar die Naturwissenschaft unseres Jahrhunderts gegen sich.

Das ganze, unteilbare, absolute Leben *ist*. Es gibt ein Wort unter uns, in dem es sich selbst ansagt, nicht in der kleinen Kraft eines zwingenden Beweises, sondern in der großen Souveränität der Unbeweisbarkeit: das biblische Wort!

Dieses Wort besagt, dass die Menschheit nicht dazu verdammt ist, ihre Sehnsucht ungestillt mit ins

---

3   Werner Heisenberg, „Physik und Philosophie"

Grab zu nehmen. Der Sehnsucht dieser Welt ist absolute Erfüllung angesagt. Diese Nachricht bedeutet mehr als alle erregenden Ereignisse der Weltgeschichte zusammengenommen.

Es gibt Erfüllung. Das absolute Leben ist da. Aber es ist Geheimnis, das nicht auf der Straße liegt. Es ist Geheimnis, das durch nichts zerstört werden kann, auch dadurch nicht, dass es weitergesagt und öffentlich gemacht wird.

Wie sagt sich das biblische Geheimnis an?

Es spricht vom Leben im absoluten Sinn. „Ewiges Leben" heißt das in der Sprache des Neuen Testamentes.

„Ewiges Leben" – zwei Worte, tief wie ein Ozean. In der Tiefe – gewissermaßen auf dem Grund – liegt das Geheimnis. Kaum habe ich die zwei Worte zu Papier gebracht, beginnt sich das Geheimnis manchen meiner Leserinnen und Leser schon zu entziehen.

Kennzeichen vieler ist es, dass sie in ihrer Sehnsucht nach dem Leben auf der Oberfläche des Daseins schöpfen. Unsere Zeit surft sich fasziniert durchs Internet. Wir fühlen uns informiert. Dabei wird übersehen, dass sich nur auf Oberflächen surfen lässt. In die Tiefe führt das alles nicht. Wer seine Netze nicht auf den Grund senkt, wird nur die bekannten Fische der Oberfläche fangen. Die Schätze bleiben verborgen. Das Geheimnis liegt in der Tiefe. Es entzieht sich denen, die die Oberfläche für den Ozean halten. Das Geheimnis schützt sich selbst. Es entzieht sich jeder Oberflächlichkeit.

„Ewiges Leben" meint nicht in erster Linie einen endlosen Zustand, sondern ein unteilbares Ganzes.

Dieses unteilbare Ganze ist kein mystisches Geheimnis, dessen wir nur durch entsprechende Versenkung innewerden können. Das Geheimnis des ewigen Lebens ist unüberbietbar konkret. Es ist Person und nur durch Vertrauen von Person zu Person erfahrbar.

„Gott", sagt die Bibel und wirft damit kühn absoluten Anspruch in den Strom der menschlichen Geschichte.

„Gott" ist kein Fachbegriff für religiöse Leute. Es ist die eine, unteilbare Wirklichkeit, wirklicher als unsere Realitäten zusammengenommen.

„Realität", das ist – grob gesprochen – das Beweisbare, Analysierbare, Manipulierbare, das, was entsteht und wieder vergeht. Es ist abgeleitete, relative Wirklichkeit, die aus sich selbst und in sich selbst keinen Bestand hat.

Umgekehrt sagt sich in dem Wort „Gott" die Wirklichkeit an, von der sich *alles* – wir können auch sagen: das All – ableitet. Gott ist die *eine* Wirklichkeit, die Bestand hat durch sich selbst und in sich selbst. Gott, das ist absolute Wirklichkeit, absolutes Leben in Person. Nur sie kann in Wahrheit Wirklichkeit für sich beanspruchen. Alle Realitäten werden hier ins Sekundäre gerückt, auf den zweiten Platz. Jene „aufgeklärte" Erkenntnis, die Gott ausschließen möchte, muss es sich gefallen lassen, in den Bereich des Wirklichkeitsfremden verwiesen zu werden. Gefühligkeit, die aufgrund von Empfindungen ihr „energetisches" Gottesbild entwirft, sollte nicht so kurzsichtig glauben, dass ihr Entwurf und der Schöpfer aller Welten identisch sind. Zu groß ist er, als dass er unserem Gehirn oder Empfinden entspringen könnte.

2. STIMME UND ECHO

Wer ist Gott?

Zunächst weist uns die Bibel in unsere Schranken. Sie verwahrt sich dagegen, dass wir über Gott reden, als sei er ein guter alter Bekannter, der nicht besonders vorgestellt werden muss. „Gott" – mit diesem Wort gehen wir oft um wie mit einem alltäglichen Gebrauchsgegenstand. Wie ein Jongleur, der mit einem Ball jongliert, so tun wir es mit dem Wort „Gott", als hätten wir ihn in der Hand, als sei er uns verfügbar, als wüssten wir, was das ist, wer das ist.

Wenn wir „Gott" sagen, sprechen wir Unaussprechliches aus, bleiben hoffnungslos hinter der Wirklichkeit, die es bezeichnet, zurück. Bei uns kommen, wenn wir vorschnell reden, immer nur selbsterdachte und selbstgemachte Götterbilder heraus. Alles menschliche Reden über Gott hat seine Grenze im Menschen selbst. Wir wissen aus uns nicht, was wir sagen, wenn wir „Gott" sagen.

„Niemand hat Gott je gesehen" (Johannes 1,18), sagt die Heilige Schrift, „der da wohnt in einem Licht, zu dem niemand kommen kann, den kein Mensch gesehen hat noch sehen kann" (1. Timotheus 6,16). Alles menschliche Reden über ihn muss im Dunkeln tappen. Zwischen Gott und dem Menschen ist eine Kluft. Da ist ein Unterschied, für den es keinen Vergleich gibt. Sagen wir, es sei ein Unterschied wie zwischen Tag und Nacht, so reicht das nicht aus. Tag und Nacht gehören zu dieser Welt. Der Schöpfer aber ist nicht von dieser Welt. Diese Welt ist von ihm. Es gibt keinen Vergleich, der den Unterschied zwischen ihm und uns beschreiben könnte. Gott ist nicht zu beschreiben, sonst wäre er nicht Gott. Er ist nicht zu erklären, sonst wäre er nicht Gott. Er ist nicht zu beweisen, sonst wäre er nicht Gott. Vom Ewigen können wir eigentlich nicht einmal reden, schon gar nicht, wenn es vorschnell geschieht. Er ist unaussprechlich, unfassbar, unergründlich, unerforschlich.

Er wohnt in einem Licht, zu dem niemand kommen kann, d. h. er ist in sich selbst ganz vollkommen. Er ist. Er ist, ohne ein Gegenüber nötig zu haben, das ihn ermöglicht.

Dennoch sprechen wir von Gott, fassen ihn in unsere unzureichenden Begriffe! Haben wir die Kluft, die uns vom Ewigen trennt, überbrückt? Haben wir die Grenze abgerissen? Sind wir hinübergegangen auf die andere Seite? Sind wir eingedrungen in das Licht?

Von all dem kann nicht die Rede sein. Wir sind in das Licht nicht eingedrungen, wir haben die Kluft nicht überbrückt. Dennoch nehmen wir solch ein Wort auf unsere Lippen?

So befremdlich es klingen mag: Das Reden von Gott ist legitim. Warum?

Der Schöpfer ist nicht für sich geblieben. Er hat sich „geöffnet" – zum ersten Mal, als er die Welt erschuf. Das „Sich-Öffnen" Gottes nennt die Bibel „offenbaren". So findet sich in der Bibel als Erstes der Satz: „Am Anfang schuf Gott Himmel und Erde" (1. Mose 1,1). Er ist demnach die absolute Wirklichkeit, die Himmel und Erde „setzt". Himmel und Erde sind die abgeleitete Wirklichkeit, die gesetzt wird.

Schöpfung und Offenbarung gehören zusammen. Mit seiner Schöpfung hat sich der Ewige zum ersten

Mal offenbart – und als er sich offenbarte, da war Schöpfung. Am Anfang unserer Welt, mit allem, was in ihr und außerhalb von ihr ist, mit ihrem Mikrokosmos und ihrem Makrokosmos, mit ihrer Materie und Antimaterie, mit ihren Gesetzen von Ursache und Wirkung, mit ihrer Nuklearenergie, mit ihrer Zeit und Vergänglichkeit – stand Gott. Als er, der Ewige, alles schuf, war aller Dinge Anfang. Himmel und Erde kommen von ihm. Wir haben es in unserem Leben täglich mit Gott zu tun, weil wir es täglich mit der Welt zu tun haben. Diese Welt kommt von ihm; wir ebenfalls. Wir sind ein Stück dieser Welt. Wir können uns der Natur nicht wie neutrale Beobachter gegenüberstellen, wir gehören dazu, sind selbst geschaffene Natur. Das ist deprimierend, wenn wir den Schöpfer aus unserem Bewusstsein streichen. Andererseits begänne eine großartige Erweiterung unseres Horizonts, wenn wir das fassen würden: Wir winzigen Erdenbürger kommen von Gott! Er ist Hintergrund unseres Lebens! Er ist es, der uns erschaffen hat.

Wie schuf der Schöpfer die Welt?

Er schuf, indem er sprach. „Durch sein Wort", das ist das Zeugnis der Bibel. „Und Gott sprach: Es werde Licht! Und es wurde Licht!" (1. Mose 1,3). So ist das Licht Echo seiner Stimme.

Echo – das ist nicht die Stimme selbst. Echo ist das, was durch die Stimme ermöglicht wird.

„Und Gott sprach" – „Und Gott sprach" – „Und Gott sprach" – so geht es durch den biblischen Bericht über die Schöpfung. Das Weltall, aber auch unser kleiner Planet mit seinen Gräsern und Kräutern, dem Getier und den Menschen – das alles ist Echo der Stimme Gottes.

Alles ist Echo, verkündet die Bibel. Alles ist abgeleitet, uneigentlich, relativ. Der Ewige schuf, indem er sprach. Also: Es wäre keine Schöpfung, keine Natur, kein Kosmos, keine Zeit, keine Geschichte, kein Mensch – wenn Gott nicht geredet hätte. Welch eine Kraft muss das sein, die diese Welt geschaffen hat! Welch eine Dynamik muss ihr eignen! Welch eine Macht!

Sein Wort ist diese Kraft!

Das Gotteswort ist kein Wort, das vom Winde verweht wird wie unsere Wörter. Das Wort – darin ist der Absolute selbst: „Am Anfang war das Wort; das Wort war bei Gott, und das Wort war Gott" (Johannes 1,1). Der Schöpfer und sein Wort – das ist eins.

„Durch ihn ist alles entstanden; es gibt nichts, was ohne ihn entstanden ist" (Johannes 1,3).

Sein Wort hat ein Echo: den Kosmos! In allen Dingen, die wir täglich sehen, hallt uns das Echo entgegen, das Echo der Stimme Gottes. Wir selbst sind auch Echo, nicht mehr, aber auch nicht weniger. Haben wir je gewusst, dass wir das sind. Echo der Stimme Gottes, Echo, das leibhaftig wurde?

3. VOM WOHER UND WOHIN UNSERER SEHNSUCHT

Da sind wir nun, sind ins Dasein getreten und tragen in uns Sehnsucht nach dem Leben. Da sind die jungen Leute auf den Inseln und Kontinenten dieser

Welt, die Liebespaare, die erfolgreichen und doch betrogenen Leute. Da sind alle, die je gelebt haben und noch leben werden. Da sind wir selbst. Überall das Feuer, Sehnsucht nach dem Leben. Jeder ist ein stummer Schrei, der nach dem Leben ruft.

Woher kommt diese Sehnsucht?

Wer hat sie in unsere Herzen gebrannt?

Das war der, ohne den wir alle keinen Atemzug zustande brächten, der Ewige, der in glühender Leidenschaft das eine für uns will: dass wir leben, wirklich und ewig leben. Er hat jenen Schrei in uns laut werden lassen. Er hat die Sehnsucht nach dem Leben in unser Menschsein gelegt, weil er selbst das Leben ist, ewiges Leben. Gott ist der Absolute.

Seine „Hand" hat uns gemacht. An uns tragen wir seine Fingerabdrücke. Darum kommen wir nicht eher zur Ruhe, bis wir wieder zurückgekehrt sind in seine Hand. Wir werden die Fingerabdrücke Gottes nicht los. Auch der Gottesleugner vermag sie nicht abzustreifen. Seine Sehnsucht nach Leben verrät seine Herkunft.

Jede Sehnsucht – wie sie sich auch äußern mag – ist im Grunde eine heimliche Sehnsucht nach Gott. Die Menschen ahnen nur nicht, dass eine ewige Sehnsucht in ihnen brennt. Darum versuchen sie, ihr Sehnen zu stillen mit vergänglichen Dingen: Idolen, Liebe, Karriere. In den Menschen und den Dingen aber liegt das Leben nicht. *Es liegt in dem, von dem die Menschen und die Dinge sind.*

Wir kommen von Gott, und es zieht uns zu ihm. Das ist das Geheimnis unseres Lebens, das Geheimnis unserer Sehnsucht. Die Ursache aller Bewegung in der Geschichte liegt *hier!*

Noch einmal: Das ist Geheimnis, das nicht auf der Straße liegt, Geheimnis, das sich dem Oberflächlichen entzieht. Wir kommen von Gott, und es zieht uns zu Gott. Hier liegt der Grund aller Sehnsucht, die nach dem Leben ruft.

Verhallt der Ruf ungehört in der Weite des Raumes? Wo ist Gott? Ließ er uns nicht grausam allein?

4. „ICH BIN ES!"

In der Schöpfung ist das „Echo" unter sich. Das Wort, dessen Echo wir sind, ist nicht da. Was blieb und ist, ist der Kosmos. Gewaltiges Echo. Wenn das Wort, dem diese unvorstellbare Dynamik eigen ist, unter uns wäre, es müsste ständig zu neuem Echo kommen, zu neuer Schöpfung. Aber die Schöpfung, die uns umgibt, ist die alte.

Doch nun lesen wir im Neuen Testament, was durch kein menschliches Mittel einsichtig gemacht werden kann: „Und das Wort wurde Fleisch und wohnte unter uns " (Johannes 1,14; ELB).

Am liebsten möchte ich abbrechen. Schweigen. Hier stehen wir vor dem Absoluten: „Das Wort wurde Fleisch und wohnte unter uns." Das Wort nimmt die Gestalt von Echo an und bleibt doch Wort! Das Absolute nimmt die Gestalt von Relativem an und bleibt doch absolut!

Hier können Sie und ich nur noch heftig protestieren oder aber schweigen vor dem so nahe gerückten Ewigen.

Botschaft, die provoziert. So haben denn auch Menschen durch die Jahrhunderte hindurch gegen diese Wahrheit getrommelt auf Teufel komm raus. Die Nachricht, dass wir nicht unter uns sind, konnte nicht unwidersprochen bleiben, und sie kann es bis heute nicht. Dennoch steht es da, ist nicht wegzudiskutieren: „Das Wort wurde Fleisch."

Wissen wir, was das heißt?

Kein Ereignis unserer Weltgeschichte, keine Sensation, keine Sternstunde der Menschheit ist damit vergleichbar. Alle unsere Aufregungen verblassen wie nichts im Licht dieser Nachricht.

Als der Ewige den Kosmos schuf durch sein Wort, da ereignete sich das Größte, was denkbar ist: Schöpfung! Aber jetzt wird Größeres gesagt, nicht mehr Denkbares. In der Schöpfung geht es immer „nur" ums Echo. Aber nun geht es um mehr. Wenn das Wort Fleisch wird, ist das, was bei der Erschaffung der Welt geschah, überboten. So wahr das Wort mehr ist als sein Echo, so wahr ist der in die Geschöpflichkeit Gekommene mehr als das, was er schuf.

„Das Wort wurde Fleisch", d. h. es wurde Mensch! Niemals hat unsereiner von sich aus Zugang zum Absoluten. Aber der Absolute hat Zugang zu uns. Er geht auf uns zu, indem er wird wie wir. Das gehört in das Geheimnis. Es gehört zu seinem Kern: Da ist ein Mensch und er sagt: „Ich bin es – der, den ihr sucht, der, nach dem eure Sehnsucht ruft!"

„Wer bist du?", fragen wir.

„Ich bin *das Leben!*" (Johannes 14,6). „Ich bin das ganze, unteilbare, absolute Leben." Das Leben, wonach die Sehnsucht aller drängt, aller Liebenden, aller Strebenden, aller Glücklichen, aller Verzweifelten, aller Resignierten, aller Hoffenden. „Ich bin es – das

Leben!" Das ist gleichbedeutend mit: „Ich bin Gott!"
Entweder ist das die größte Lüge aller Zeiten oder aber
Wahrheit, ohne die alles Leben zur Lüge wird.

Dass hier Wahrheit ist, wird uns bezeugt – nicht
bewiesen. Bezeugen können es immer nur die, die ihr
Leben auf diese Wahrheit gewagt haben. Sein Leben
darauf wagen – anders können wir dieser Botschaft
nicht innewerden. Davon wird noch zu reden sein.

Es war ein Aufruhr unter denen, die ihn kannten:
„Ist er nicht der Zimmermann, Marias Sohn ...?" Die
historische Frage wird bis heute gestellt. Was sie
nicht ermittelt – so lautet bis heute der Kurzschluss –,
kann es auch nicht geben. Die Menschen waren empört, als er mit dem Anspruch auftrat: „Ich bin es!"
Sie sind es bis heute.

Als noch niemand ahnte, wer er war, fragte er seine Begleiter, die nach jüdischer Sitte mit ihm als ihrem Lehrer durch die Lande zogen: „Für wen halten
die Leute den Menschensohn?" Mutmaßungen wurden laut. Dann wandte er sich an die Jünger selbst:
„Und ihr, für wen haltet ihr mich?"

Da antwortete Simon Petrus und sprach: „Du bist
der Messias, der Sohn des lebendigen Gottes!"

Jesus: „Glücklich bist du zu preisen, Simon, Sohn
des Jona; denn nicht menschliche Klugheit hat dir
das offenbart, sondern mein Vater im Himmel" (Matthäus 16).

„Nicht menschliche Klugheit hat dir das offenbart!" Kein menschliches Mittel hat dir *das* einsichtig
gemacht. Du bist angerührt vom Absoluten selbst.

Darum geht es: „Sohn Gottes!" Er ist es, von dem
es heißt, dass das Wort Fleisch geworden ist. Gott

wird Mensch. So konkret wird das Geheimnis und bleibt doch Geheimnis. Unzerstörbar ist es.

In Christus rückt uns das Wort nahe, das im Universum sein Echo hat. Jesus Christus ist Wort, durch das der Schöpfer die Welt erschuf.

„Denn in ihm ist alles in den Himmeln und auf der Erde geschaffen worden, das Sichtbare und das Unsichtbare, es seien Throne oder Herrschaften oder Gewalten oder Mächte: *Alles* ist durch ihn und zu ihm hin geschaffen; und er ist vor allem, und alles besteht durch ihn. " (Kolosser 1,16-17)

„*Alles* ist durch ihn und zu ihm hin geschaffen!"

Hier bricht es aus der Tiefe herauf. Hier ist wie durch einen Windstoß der Vorhang beiseite geweht. Hier blicken wir den Dingen auf den Grund. Da liegt das Geheimnis unserer Sehnsucht: *Wir kommen von ihm her, und es zieht uns zu ihm hin.* Jesus Christus ist das Leben, in ihm stehen wir in geheimnisvoller Weise vor Gott. Das ist unsere Sehnsucht, dass wir auf ihn hin erschaffen sind. Die Ursache aller Bewegung der Weltgeschichte liegt *hier!* Die ganze Welt ist uns im Neuen Testament transparent gemacht auf Jesus Christus hin. Wer dieses Geheimnis nicht erfährt, kann das Leben nicht verstehen. Er kann die Weltgeschichte nicht verstehen. Er kann sich selbst nicht verstehen. In Jesus Christus ist die Frage unseres „Woher" und „Wohin" beantwortet und damit die Frage unserer Sehnsucht, unserer Triebe, unserer Wünsche und was uns sonst noch in Bewegung hält. „Die elementaren Dinge haben Hinweiskraft" (Paul Schütz).

Dass es die „elementaren Dinge" auch in der Verkehrung gibt, dass die Sehnsucht des Menschen ihn vom Leben weg in die Zerstörung zu treiben vermag, ist Hinweis darauf, dass diese Welt nicht heil ist. Es liegt ein Bruch zwischen dem „Woher" und dem „Wohin". Diese Tatsache wird uns noch beschäftigen müssen.

Von „Zeichen" ist im Neuen Testament die Rede. Zeichen zeigen etwas an, weisen über sich selbst hinaus. Wie Signale sind sie. Sie signalisieren, was mehr ist als sie selbst. Die biblischen Zeichen werden auch „Wunder" genannt. Dadurch wird ihnen aber ein falscher Sinn beigelegt. Wunder bannen den Blick auf sich selbst als einem unerklärlichen Ereignis. Die Zeichen der Bibel aber weisen über sich hinaus auf ein „Wunderbares", das es nur im verborgenen Geheimnis gibt.

Diese Zeichen, die Jesus tat, wurden nie verstanden von Leuten, die für das Evangelium verschlossen waren. Dort aber, wo Menschen sich der Wahrheit geöffnet hatten, wurden diese gelegentlich durch Zeichen auf den Kern der Sache selbst geleitet. So ist es bis auf den heutigen Tag.

Greifen wir ein Zeichen heraus.

Viele Menschen waren hinter Jesus hergelaufen. Sie hingen an seinen Lippen, als er redete. Ihre Wichtigkeiten wurden klein. Dann kam der Abend. Die Menschen hatten Hunger. Fünf Brote und zwei Fische waren vorhanden. Davon wären keine 20 Männer satt geworden. Sie aber waren 5000. Jesus teilte das Brot aus. Seine Jünger halfen dabei. Jeder, der Hunger hatte, bekam zu essen. Alle hatten Hunger – und es wurden alle satt. Übrig blieb überfließende Fülle!

Zeichen!

Geheimnis seiner Person: Bei ihm werden *alle* satt! Ahnen wir, was sich hier anzeigt?

Sie begriffen nichts, waren aber begeistert. „Du musst unser König werden!", schrien sie. Auf einen billigen Brotgeber sind die Menschen noch immer hereingefallen. So rannten sie hinter Jesus her, um sich ihm zu unterwerfen. Er aber wollte nicht, dass sie auf einen Wundertäter hereinfielen. Darum lief er fort und entzog sich ihrem Griff, der ihn einengen wollte auf einen König, der nur die Mägen sättigt.

Einen Tag später – die Erregung war abgeklungen – stellte sich Jesus ihnen im Gespräch: „Ihr habt Hunger – ich weiß es wohl. Aber euer Hunger ist größer, als ihr denkt. Ich will euch satt machen, aber in einem tieferen Sinne, als ihr meint. Ich will euch Brot geben – anders, als ihr ahnt." Da gerieten die Menschen erneut in Bewegung: „Herr, gib uns immer von diesem Brot!"

Er sagte: „Ich bin das Brot des Lebens" (Johannes 6,35). „Wer mit der Sehnsucht seines Lebens plötzlich vor mir steht", meint er damit, „wer mit seinem Hunger nach dem Leben zu mir kommt, dem wird dieser Hunger gestillt. Ihr habt alle Sehnsucht. Die Erfüllung dieser Sehnsucht bin ich. Ihr habt Hunger nach dem Leben. Die Antwort darauf, nämlich das Brot, das satt macht, das bin ich!"

Nur der kann Sehnsucht nach dem Leben stillen, der selbst das Leben ist. Jesus Christus spricht: „Ich bin das Leben."

Hier ist unzerstörbares Geheimnis, das zu keiner Zeit verfügbar war. Viel wurde darüber geschrieben, diskutiert. Die Bibel ist unangefochten der Bestseller der Weltliteratur. Und – wieder schreibe ich es – ihre

Botschaft bleibt teilweise Geheimnis. „Geheimnis des Evangeliums", sagt der Apostel (Epheser 6,19). Gott selbst hat sich in seiner Schöpfung offenbart, doch das Evangelium kann nicht durch Beobachten oder Nachdenken erkannt werden. Das Geheimnis ist unter uns, geht leise einher, unzerstörbar, unverfügbar und doch im Vertrauen ergreifbar.

In Jesus Christus begegnet uns das Leben, begegnet uns Gott. Welch eine Zumutung für Erdverbundene und Ahnungslose! Nicht Zumutung für unseren Intellekt ist hier gemeint. Dahinter kann sich nach den Denkerweiterungen, die wir den Naturwissenschaften verdanken, niemand mehr verstecken. Zumutung an unsere Existenz meine ich. Wer Jesus Christus begegnet, kann nicht mehr derselbe bleiben, der er vorher war. Das ist die Zumutung. Begegnung mit dem Absoluten schafft neue Schöpfung. Diese Kraft liegt auch im 21. Jahrhundert in dem Wort, das Fleisch geworden ist, und das uns hier und heute treffen will, um uns unzerstörbares Leben zu geben.

5. DAS BUCH

Wo und wie trifft uns Jesus Christus, das Wort? Es kann uns dort treffen, wo Leute es zur Sprache bringen, in einem Gespräch, in einer Predigt, in diesem Büchlein. Das Wort selbst aber behält es sich vor, ob es dort spricht oder nicht. Es trifft uns ferner in dem Buch, das „Bibel" heißt. Alles Reden über die christliche Wahrheit kann sich nur auf die Bibel beziehen, ein Buch, in dem Gott durch die menschlichen Autoren zu uns redet. Es waren Menschen, die Gott zur

Verfügung standen und als solche in der Heiligen Schrift ihren Glauben bezeugen und das „Wort" predigen. Die Bibel gehört ungeachtet ihrer Menschlichkeit hinein in das Geheimnis. Sie ist Gottes zuverlässiges Wort. Sie ist der Ort, an dem das lebendige Wort mit uns redet.

In einer Weise ist die Bibel ein Buch wie jedes andere auch. Sie ist auf menschlichem, historisch nachzuzeichnendem Wege entstanden. In einer anderen Weise aber ist sie von allen Büchern der Welt unterschieden: Ihr Eigentliches ist uns nicht verfügbar. Ihr Eigentliches ist eben jenes „lebendige Wort", Christus selbst, der in ihr und durch sie mit uns redet. Dieses „lebendige Wort" können wir nicht einfach zum Sprechen bringen, weder für uns noch für andere. Es kann darum sein, dass die Bibel einem Menschen gar nichts sagt. Er findet sie langweilig und greift lieber zur Zeitung. Dennoch möchte ich es hier bezeugen als einer, der selbst gern die Zeitung liest: Mir ist kein aufregenderes Buch begegnet als die Bibel.

Wie ist es möglich, dass sie trotzdem stumm sein kann, wie verschlossen? Das kann einerseits etwas mit dem verstockten menschlichen Herz zu tun haben, andererseits etwas mit ihrem Geheimnis, das sich selbst schützt.

„Einige unserer Zeitgenossen beginnen heute, heimlich und neu auf die Bibel hinzuhorchen. Es ist nicht jenes Konglomerat von Literatur aus einem knappen Jahrtausend gemeint, über die uns die historische Kritik höchst interessante Details und Hypothesen, bewunderungswürdig im Scharfsinn ihrer Kombinationen und in der Sauberkeit ihrer

Methoden, berichtet. Die Summe dieser ihrer Teile ist nicht ihr Ganzes. Da ist eine Stimme in der Bibel, und in dieser Stimme ist das Ganze."[4]

Das Geheimnis der Bibel erschöpft sich also nicht in den angeblichen Ergebnissen, die theologische Forschung meint uns geliefert zu haben. Da ist etwas, worüber alles Forschen keine Auskunft geben kann. Theologen, die über jene Ergebnisse hinaus von diesem *Etwas* wissen, reden darum von der *Stimme,* die in der Bibel spricht. Diese Stimme aber ist es, die die Texte der Bibel erst zum Klingen bringt. Die Texte sind „nur" die „Membran der Stimme". Membran und Stimme sind nicht dasselbe. Nur im Anhauch der Stimme erzittert die Membran. Ohne die Stimme ist die Membran einfach Haut, nicht mehr.[5]

Diese „Membran", die Texte, können wir untersuchen nach allen Regeln formgeschichtlicher Kunst. Aber die Stimme Gottes, in deren Anhauch die „Membran" erst erklingt, liefert sich dem analytischen Zugriff nicht aus. Das Geheimnis der Bibel jedoch liegt in jenem Unverfügbaren, im Anhauch der Stimme.

Die Stimme Gottes ist es, wir könnten auch sagen, das Wirken seines Geistes, das uns das Wort aktuell macht, sodass unser Leben überraschende Wendung erfährt.

---

4 Paul Schütz, in „Parusia", Seite 99 f.
5 Ders. „Die Kunst des Bibellesens", Seite 51.

III. Zweifel

1. ZWEIFEL AUS UNKENNTNIS

Nachdem ich vom Geheimnis geredet habe, höre ich Proteste. Von solchem Geheimnis könne ja jeder reden, sagen mir manche. Retten könnte ich mich dann mit dem Hinweis darauf, dass meinem Gesprächspartner eben das Auge dafür fehle.

Diese zweifelnde Haltung kenne ich von mir selbst, und es gibt wohl nicht allzu viele Zweifel, die ich nicht auch gedacht habe. Auf den folgenden Seiten soll einiges über die Zweifel und über die Zweifler gesagt werden. Es sind Einsichten, die mir selbst als Zweifelndem kamen und die ich in Gesprächen und Diskussionen auf meinen Vortragsreisen gewonnen habe.

Zweifler sind es in der Regel gewohnt, mit Verständnis und Nachsicht behandelt zu werden. Es gibt sogar Christen, die vor den Zweifeln anderer gern respektvolle Verbeugungen machen. Der Zweifelnde wird dadurch leicht in eine Rolle gebracht, in der er sich mit seinen Zweifeln interessant findet. Um das Interesse an seiner Person nicht abklingen zu lassen, zweifelt er dann das ganze Repertoire der ihm gegebenen Möglichkeiten durch, um am Ende wieder

beim Anfang zu beginnen. Hier sollen solche Verbeugungen nicht gemacht werden. Ernstzunehmende
Zweifel sollen ernst genommen werden, andere müssen es sich gefallen lassen, als nicht sachlich aufgedeckt zu werden.

Eine ähnliche Meinung darüber fand ich bei Hermann Bezzel: „Zweifel entstehen nie aus Gründ-
lichkeit, sondern aus Ungründlichkeit. Alle diese
Willens-, Schwachheits- und Verstandeszweifel, und
wie sie alle heißen, erwachsen in der Seele, die es
nicht genau mit dem Wort nimmt ... Zweifel sind immer ein Zeichen der Oberflächlichkeit, und es ist ein
Kunststück des Teufels, dass er uns glauben macht,
Zweifler seien immer die allertiefst denkenden und
verständnisvollsten Menschen. Man könnte fast sagen: Das Gegenteil ist der Fall! Fragt einmal einen
Zweifler, was er von der Bibel weiß. Fragt die großen
Gegner der Heiligen Schrift, was sie eigentlich von
der Bibel gelesen haben. Man wird erschrecken, wie
viel geringe Kenntnis sich mit ihrem Zweifel verbin-
det und vermählt." [6]

Zweifel sind wohl niemandem, der glaubt, unbe-
kannt. Ich kenne, wie schon angedeutet, viele selbst.
Andere werden unentwegt an mich herangetragen.
Die ständige Auseinandersetzung mit kritischen Anfragen nötigt mich, meinen Standort immer wieder
zu überprüfen. Ich möchte keiner christlichen Ideologie verfallen sein, die sich durch andere Standpunkte relativieren ließe. Wenn das je möglich wäre, so

---

6   Hermann Bezzel, „Das Gebet Jesu Christi für die Seinen", Seite 62
    bis 63.

möchte ich kein Christ mehr sein. Dass es sich bequem gottlos leben lässt, weiß ich und habe es praktiziert. Wenn Nihilismus Wahrheit wäre, möchte ich lieber wahr sein, als mich einer schönen Lüge zu unterwerfen.

Seltsam und überraschend ist für mich dies: Je länger ich Christ bin, je mehr ich in radikale Anfragen getrieben und von anderen mit massiven Zweifeln überschüttet werde, umso deutlicher wird, dass das Evangelium Wahrheit ist. Ich suche mir keine billigen Lösungen und Ausflüchte. Wenn ich Anfragen erlebe, die meinen Glauben zu erschüttern scheinen, so hat sich jedoch bisher immer herausgestellt, dass ich lediglich über diese Dinge noch nicht genug nachgedacht hatte. Je mehr wir die Bibel kennen, umso deutlicher wird, dass die meisten Zweifel tatsächlich aus der Unkenntnis der Heiligen Schrift kommen. Das gibt es: Zweifel aus Unkenntnis.

Wir werden im Lauf unseres Christenlebens nicht sicherer, aber gewisser. Die Gewissheit wächst, wie ja auch der Glaube – ist er einmal geboren – ein wachsender Glaube ist. So lebe ich als Christ in der fröhlichen Spannung, einerseits ganz und gar Eigentum des ewigen Gottes zu sein. Andererseits bin ich unterwegs, habe keine Vollkommenheit erreicht, wachse und reife im Glauben und in der Erkenntnis der Geheimnisse des Ewigen.

Christsein ist keine in sich ruhende Angelegenheit, sondern eine lebendige Sache. Es gibt stets Neues zu glauben, zu denken, zu erleben.

„Nicht, dass ich es schon ergriffen habe", sagt Paulus einmal, „oder schon vollendet bin; ich jage ihm aber nach, ob ich es auch ergreifen möge, weil ich auch von Christus Jesus ergriffen bin" (Philipper 3,12; ELB). „Jagen" – ein abenteuerliches Wort. Lebendiges Christsein, Glauben an Jesus, ist ein Abenteuer.

Um einem Irrtum zu begegnen, sei an dieser Stelle schon Folgendes gesagt: Nicht mein Nachjagen und Streben in Richtung Vollkommenheit machen mich zum Christen. Das alles ist nur der Erweis, dass jemand Christ ist. Zum Christen macht einen Menschen, dass Christus ihn ergriffen hat und festhält, auch wenn der Mensch den Griff manchmal lockerlässt. Jesus hält fest, wen er ergriffen hat! Darauf haben wir sein Wort. *Das* macht einen Christen!

2. INTELLEKTUELLE ZWEIFEL

Vielen erwachsen vom Denken her Anfragen an den Glauben.

Im 19. Jahrhundert waren Glauben und Denken nicht zu vereinbarende Gegensätze. Das hatte seinen Grund im damaligen Weltbild und in der Tatsache, dass Wissenschaftler aus ihren Ergebnissen Schlüsse zogen, mit denen sie den wissenschaftlichen Boden verließen.

Das naturwissenschaftliche Weltbild war geschlossen, mechanistisch. Raum und Zeit waren als unendlich erklärt, die Vernunft des Menschen grundsätzlich in der Lage, alle „Welträtsel" zu entschlüsseln. Für Gott selbst war in diesem Weltbild kein Platz, für Wunder keine Möglichkeit, da alles wie ein Mechanismus nach den Gesetzen von Ursache und Wirkung ablief. Dieses Weltbild ist überwunden. Die Perspektiven, die sich dem modernen Naturwissenschaftler eröffnet haben, sind so gewaltig, dass er nicht mehr von einem umfassenden Weltbild zu reden in der Lage ist. Er spricht höchstens von dem derzeitigen Bild, das er von der Natur besitzt. Dieses Bild ist offen im Blick auf den Glauben an Gott. Eine wissenschaftliche Aussage, die Gott ausschließt, überschreitet ihre Kompetenz. Sie muss sich Unwissenschaftlichkeit vorwerfen lassen. Natürlich ist die Existenz Gottes mit wissenschaftlichen Mitteln nicht zu erweisen. Wer aus dem derzeitigen Naturbild das Dasein Gottes herleiten möchte, begibt sich ebenfalls auf einen falschen Weg. Es ist lediglich festzustellen, dass sich Glaube und Denken nicht widersprechen. Vielleicht können wir aber doch so weit gehen wie Max Planck, der gesagt hat, dass sich Glaube und Denken nicht nur nicht widersprechen, sondern in wesentlichen Punkten übereinstimmen.

Wie kommt es, dass heute noch das Denken und die moderne Wissenschaft gegen Gott „ins Feld" geführt werden?

Manche sind über Teile aus unserem derzeitigen Naturbild recht gut informiert, aber weniger über erkenntnistheoretische Grundfragen. Sie haben die Denkweise gelernt, die in der Naturwissenschaft geübt wird, die kritisch-analytische. Kritisch-analytisches Denken ist ein in Bestandteile auflösendes. Es ist keine Frage, dass diese Denkweise den Horizont des Menschen vergrößert hat. Ihre Ergebnisse können auch einen Christen interessieren, wenn nicht begeistern. Aber es gibt eine Kehrseite der Medaille.

Irreführendes beginnt dort, wo diese Weise absolut gesetzt wird, wo es für die einzige Art zu denken gehalten wird. Analytisches Denken ist auf die Teile einer Gestalt, nicht auf die Gestalt selbst ausgerichtet. Wollten wir es absolut setzen, führte es nicht über die Einzelheiten hinaus. Es käme zum Verlust des „Ganzen", des Wesens, des Sinnes der jeweiligen Gestalt. So sehen wir dann den Wald (das Ganze) vor lauter Bäumen (den Teilen) nicht mehr.

In einer Diskussion sprachen wir über das Wesen des Menschen. Ein nach Jahren gereifter Herr meldete sich zu Wort: „Wovon reden Sie eigentlich? Der Mensch ist doch nichts anderes als ein biochemischer Prozess." Hier sprach ein Kind seiner Zeit. Auf dieses „nichts anderes als" kommt es mir an. Dass der Mensch auch ein biochemischer Prozess ist, hat sich herumgesprochen. Dass er nichts anderes sei als das, ist unwissenschaftliche Unterstellung. Hier wurde ein Teilaspekt des Menschen – der biochemische – verabsolutiert. Der Mensch aber ist auch von vielen anderen Aspekten her zu sehen, z. B. vom psychologischen, medizinischen, soziologischen, historischen. Es ist wichtig, den Menschen auch unter diesen anderen Gesichtspunkten zu sehen. Aber die Summe aller Gesichtspunkte ergibt nicht den Menschen. Die Summe aller Teilaspekte sagt immer noch nichts aus über sein Wesen oder seinen Sinn.

Wir stehen vor der Grenze wissenschaftlichen Denkens. Wir dürfen sie nicht überspielen. Die Frage nach Wesen und Sinn eines Dinges ist durch keinen wissenschaftlichen Aspekt – auch nicht durch die Summe aller Aspekte – zu beantworten. Im Gegenteil, wir entfernen uns immer mehr vom Wesen einer Sache, wenn kritisch-analytisches Denken absolut gesetzt wird, also Teile für das Ganze genommen werden. Wer das tut, hat sich erkenntnistheoretisch auf einen Weg festgelegt, der in eine Sackgasse führt.

Namhafte Naturwissenschaftler fragen nach Ganzheiten, nach dem Sinn der Dinge, nach der Sache selbst. Damit stellen sie die Frage nach dem Absoluten. „Entschiedener als frühere Zeiten müssen wir nach der Sache selbst fragen", sagt Carl-Friedrich von Weizsäcker.[7]

Intellektuelle Zweifel finden im heutigen Wissenschaftsverständnis keinen Nährboden mehr. Der Satz: „Ich bin Atheist oder Nihilist" kann nicht unter Berufung auf Wissenschaft gesagt werden. Atheismus und Nihilismus sind lediglich eine andere Art von Religion. Atheisten glauben auch.

Carl-Friedrich von Weizsäcker sagt: „Ich bin Christ. Bescheidener müsste ich sagen: Ich versuche, Christ zu sein. Dies ist nicht der Standpunkt eines Traditionalisten. Ich habe vieles in der christlichen Tradition, im Denken wie im Leben, schwer verständlich gefunden, und einiges so, dass ich nicht folgen kann. Aber, wenn man so sagen kann, das Wort von Christus hat mich berührt. In einer Weise hat mir dieses Wort das Leben unmöglich gemacht; es hat das Leben zerstört, das ich sonst vielleicht geführt haben könnte. In einer Weise hat es mir das Leben möglich gemacht; ich weiß nicht, ob ich ohne

---

7 C. F. v. Weizsäcker, „Die Geschichte der Natur", 6. Aufl., Göttingen 1964, Seite 51.

es überhaupt einen möglichen Weg des Lebens gefunden hätte."[8]

Pasqual Jordan sagte in einem Vortrag: „Die heutige Naturwissenschaft kann und soll dem Christen keine Beweishilfe für seinen Glauben liefern. Aber sie lieferte das Ergebnis – das sich nun allmählich herumsprechen sollte! –, dass es in der heutigen Naturerkenntnis nichts mehr gibt, was gegen den Glauben sprechen würde. Auch ein ehrlicher Freund der Naturwissenschaften kann heute ohne inneren Gedankenzwiespalt glauben an den Schöpfer und Erhalter des Weltgeschehens und an unsere Erlösung durch den Gekreuzigten und Auferstandenen."

Bei Günter Ewald, Professor für Mathematik an der Technischen Universität in Bochum, fand ich folgende Sätze: „Christlicher Glaube bedeutet immer eine Zumutung. Jedoch betrifft diese Zumutung nicht unser wissenschaftliches Denken. Sie geht unsere Existenz vor Gott an. Exaktes, wissenschaftliches Denken kann nicht in einen Widerspruch zum richtig verstandenen Glauben kommen. Wo solche Scheinwidersprüche vorliegen, hängt das an einem falschen Wissenschaftsverständnis."[9]

3. VORGESCHÜTZTE ZWEIFEL

Es gibt noch eine Art „intellektueller" Zweifel. Ihr ist mit sachlichen Überlegungen nicht beizukommen, weil sie unsachlich ist. Die Argumente dieser Art sind

---

8   Tragweite der Wissenschaft, 1 Band, 2. Aufl., Göttingen 1966, Seite 74
9   „Wirklichkeit – Wissenschaft – Glaube", Wuppertal 1965, Seite 7.

auf einem anderen Boden gewachsen als auf dem Boden des Denkens. Ein Beispiel soll das erläutern:

Nach einem Vortrag hatte ich ein langes Nachtgespräch mit einem Studenten. Er war erregt, um nicht zu sagen aufgebracht. Unmöglich sei es, so von Gott zu reden oder gar von Jesus Christus, wie ich es getan hätte. Als Kronzeugen seiner Meinung führte er eine Reihe von Philosophen an. Er scheute sich auch nicht, Naturphilosophen zurückliegender Jahrhunderte zu zitieren, um seinen Standpunkt zu untermauern. Als schon der Morgen heraufdämmerte, gab er zu: „Wenn ich ehrlich sein will, so haben Sie mir meine Argumente aus der Hand genommen." Er gab also zu, keine Argumente gegen den Glauben mehr vorbringen zu können. Daraufhin fragte ich ihn:

„Wenn Sie das sehen, was hindert Sie daran, Christ zu werden?"

Er sah zu Boden und sagte dann:

„Ich will ja gar nicht."

Ich wunderte mich, dass ein junger Mensch sich so sehr für die Ablehnung des Glaubens an Gott engagierte.

„Sie wollen gar nicht?", fragte ich zurück. „Warum nicht?"

„Wenn ich noch einmal ehrlich sein soll", sagte er, machte eine Pause und fuhr dann fort: „Ich habe eine Freundin."

„Darum können Sie kein Christ werden?"

„Das Ganze hat einen Haken", sagte er leise.

„Und der wäre?"

„Sie ist verheiratet."

Daran also lag es. Da hatte einer eine ganze Nacht lang sogenannte intellektuelle Schwierigkeiten diskutiert, die ihm den Glauben an Gott unmöglich machten, wie er sagte. Nun kam es heraus, dass die Denkschwierigkeiten nur vorgeschoben waren. Das Denken war gar nicht sein Problem. Sein Leben war problematisch. Da war Unordnung – Sünde, sagt die Bibel, die hätte beendet werden müssen, wenn der Anspruch Gottes zu Recht besteht. Weil er aber zu einer Änderung seines Lebens nicht bereit war, durfte es diesen Gott, der das verlangt, nicht geben. „Weil, so schließt er messerscharf, nicht sein kann, was nicht sein darf", schrieb schon Christian Morgenstern. So produzierte der Student eine ganze Nacht hindurch „intellektuelle" Zweifel, weil er existentiell daran interessiert war, dass es einen persönlichen Gott, der in sein Leben hineinredet, nicht gibt. Negatives Interesse trieb ihn also in unsere Diskussion. Hätte ich ihm anfechtbare Argumente geliefert, wäre das ein beruhigendes Alibi für seinen Ehebruch gewesen. Kein Gott, kein Gebot. Als er diesen Umstand zugab, war er überhaupt das erste Mal in unserem Gespräch ehrlich. Seine „Zweifel" waren aus einer Lüge erwachsen.

Ein krasses Beispiel? Sicher. Aber es macht deutlich, welcher Art manche Zweifel sein können. Oft haben mir Leute in Gesprächen gesagt, sie seien Suchende, sie suchten Gott. Nach kurzer Zeit aber bekam ich den Eindruck, sie hätten große Angst, sie könnten ihn tatsächlich finden.

4. GEWOHNHEITSZWEIFEL

Kommen wir von den intellektuellen und pseudo-intellektuellen Zweifeln zu einer anderen Gruppe. Es gibt Leute, die zweifeln aus Gewohnheit. Sie haben von Kindheit an nie ernsthaft über Gott nachgedacht. Mir selbst ging es in meiner Kindheit so, dass ich meinte, über Gott zu lachen wäre ein besonderer Erweis des Erwachsenseins, weil ich das bei Erwachsenen meiner Umgebung so erlebt hatte. So grinste ich in der Schule, wenn „Religion" gegeben wurde. Später stellte ich fest, dass in der Bibel Dinge standen, die manche Erwachsene, die darüber lachten, nicht einmal denken konnten.

Es ist sehr schwer, nach einem langen Leben, in dem es die Dimension „Gott" nicht gab, plötzlich an ihn zu glauben. Nach 40 bis 50 Jahren ist das Leben so eingefahren, dass sich – was Glaube oder Weltanschauung betrifft – kaum noch etwas Neues ereignet. Die Weltanschauung ist abgeschlossen. Selten ist da jemand bereit, übernommene Gedanken noch einmal zu prüfen.

Breiten Schichten unserer Bevölkerung ist es zur Gewohnheit geworden, die Frage nach dem Sinn des Lebens durch Schlagworte zu beantworten und – wie geglaubt wird – dadurch zu erledigen. Als ich als 18-Jähriger ernsthaft über solche Dinge nachzudenken begann und erwachsene Leute fragte, wozu wir eigentlich da sind, antwortete mir jemand: „Darüber denk am besten gar nicht nach! Dabei kommt nichts heraus. Da musst du einfach abschalten."

Im Kreise meiner Freunde fragte ich: „Was meint ihr, wie leben wir richtig?" Als Antwort wurden mir

Schlagworte serviert. Mit Schlagworten lässt sich die brennendste Frage der Menschheit jedoch nicht erledigen. „Seine Seele verliert man lautlos", hat einmal jemand gesagt. Das heißt, es sind nur selten die lauten, augenfälligen Dinge und Ereignisse, durch die der Mensch Schaden an seiner Seele nimmt. Es ist mehr die leise, dumpfe Monotonie, der Trott, der Stumpfsinn, der langsam aber sicher das Fragen nach Inhalt und Sinn des Lebens ausschaltet. Wenn es um unser Leben geht – und darum geht es in der Frage nach Gott –, dann sind Schlagworte zu flach. Sie sind billig. Aber das Billige besitzt in unserer Welt eine unheimliche Macht.

Die Flucht in Schlagworte und Billigkeiten mag verschiedene Gründe haben. Einer Hauptursache begegnen wir immer wieder. Ich möchte sie die „Diktatur der Leute" nennen. „Was sagen die Leute, die Nachbarn, die Arbeitskollegen, wenn ich plötzlich fromm werde?" Niemand will von den Leuten belächelt werden. Davor haben viele Angst. Es gehört schon ein besonderes Format dazu, die Diktatur der Leute abzuschütteln. Herauszutreten aus der Masse würde das bedeuten.

Die Angst, belächelt zu werden, ist allerdings schon rein gedanklich zu überwinden. Es gibt nichts Größeres und Aufregenderes, als Christ zu sein. Das Bewusstsein, den Schöpfer des Kosmos Vater nennen zu dürfen, führt nicht in Minderwertigkeitskomplexe, sondern in fröhliche Unabhängigkeit, auch von den Meinungen der Leute. Was gemeinhin gegen den Glauben gesagt wird, erschöpft sich sowieso oft nur in besagten Schlagworten. Davor zu kapitulieren ist nun tatsächlich nicht nötig. Ich habe es immer wieder erlebt: Je klarer und eindeutiger ich mich als Christ bekannte, umso mehr wurde ich respektiert – auch und gerade am Arbeitsplatz. Christen brauchen keine Leute zu sein, die sich schüchtern in die Defensivrolle drängen lassen. Sie haben ihren Glauben auch nicht zu verteidigen. Sie können ihn unverkrampft bekennen. Sie sind es letztlich, die einen ewigen Sinn in ihrem Leben haben, während gottlose Standpunkte das Leben der Sinnlosigkeit überführen.

5. OFFEN SEIN FÜR WAHRHEIT

Es gibt Menschen, die grundsätzlich alles bezweifeln. Die Generation, die die große Enttäuschung im Dritten Reich erlebt hat, hat hier vielleicht noch einiges Recht auf Verständnis. Sie hat erlebt, wie ihr jugendliches Vertrauen missbraucht wurde. Menschen aus dieser Zeit sind nach ihren Erlebnissen nur schwer bereit, irgendetwas zu glauben. Hier müssen intensive Gespräche geführt werden.

Nun gibt es Leute, die von den Erlebnissen im Dritten Reich verschont geblieben sind und die dennoch grundsätzlich alles bezweifeln. Fast jeden Satz beantworten sie mit: „Ja, aber …!" Es ist, als seien sie innerlich programmiert, gegen alles zu sein, was ihnen bisher nicht bekannt war. In einer Diskussion machte ich einmal einen Mann darauf aufmerksam:

„Ist Ihnen das noch nicht aufgefallen? Immer, wenn ich etwas sage, erwidern Sie: ‚Ja, aber.' Es ‚ja-abert' in Ihnen!"

Er sah mich groß an und antwortete: „Ja, aber das ist doch mein Recht!"

Schallendes Lachen in der Gesprächsrunde. Mein Gegenüber hatte nicht gemerkt, dass es gerade wieder „ja-aberte".

Natürlich ist es das Recht eines jeden, gegen alles zu sein. Es ist auch in seine Entscheidung gestellt, Gott nicht zu wollen. Grundsätzlich allem gegenüber misstrauisch zu sein steht jedem frei. Nur sind die meisten darin selten konsequent. Solche grundsätzlichen Zweifler sollten sich einmal fragen, was das ist: Allem wird misstraut, nur an einer Stelle hören sie damit auf, nämlich bei sich selbst. Das eigene Misstrauen wird zum Maß der Dinge erhoben. Es kann nicht so getan werden, als sei es keiner Kritik zu unterwerfen, ständig gegen alles zu sein. Es lohnt sich, einmal seinem eigenen Misstrauen zu misstrauen, seine eigenen Zweifel zu bezweifeln. Nur so werden wir *offen für die Wahrheit*.

Offen zu sein für Wahrheit, das ist die einzige Haltung, die Zweifler zu ernsthaften Gesprächspartnern macht. Wer aber zweifelt, weil er ein persönliches Interesse daran hat, dass es Gott nicht gibt, disqualifiziert sich selbst. „Wir zweifeln an Gott in dem gleichen Maße, wie wir an uns selbst glauben; und wir glauben unbändig an uns selbst", sagt Helmut Thielicke.[10]

Wir stehen vor der Frage nach unserer eigenen Wahrhaftigkeit.

Jeder Zweifler sollte sich selbst darüber Rechenschaft ablegen, ob er grundsätzlich Wahrheit will,

---

10 In „Zwischen Gott und Satan", Seite 27.

auch ohne vorher zu wissen, was Wahrheit ist. Ich muss bereit sein, Wahrheit zu wollen, auch wenn mich das eines Tages zum Hindu, Buddhisten, Moslem, Esoteriker oder sonst etwas macht, mich also in Weltanschauungen führt, die meinem innersten Empfinden entgegenstehen. Wahrheit zu wollen, auch wenn das Wahrheit-Finden vielleicht unabsehbare Konsequenzen nach sich zieht, das ist wahrhaftig. Das ist Offensein für Wahrheit.

Im Folgenden soll es um *Wahrheit* gehen. Offen zu sein für Wahrheit ist hierfür notwendig. Die Wahrheit, die hier vertreten wird, kann für meinen zweifelnden Leser zunächst nur als Hypothese gelten, wobei ich weiß, dass, wenn hier Wahrheit vorliegt, sie selbst in der Lage ist, sich durchzusetzen. Lediglich *offen zu sein für die Wahrheit* ist die Leistung, die vom Leser erbracht werden muss.

IV. Wahrheit

1. DIE SITUATION

In einem Gespräch sagte eine Frau: „Wenn ich alles glauben würde, was mir heute gesagt wird, ich wäre verraten und verkauft." Hinter diesem Satz, so scheint mir, verbirgt sich eine Grundfrage verunsicherter Menschen:

„Wer sagt uns heute noch die Wahrheit?"

Vieles wird uns gesagt, aber wir wissen, dass nur Wenigem zu trauen ist. Wir werden von tausend Botschaften beschossen. Werbung springt uns an, aufdringlich, ordinär, unverschämt. Selten sagt eine die Wahrheit. Da ist die Propaganda der Parteien. Sie stellen sich groß heraus auf Kosten des politischen Gegners. Im Wahljahr werden Versprechungen gemacht, die hinterher kaum jemand hält.

Da sind Presse, Funk und Fernsehen. Wer käme auf die Idee, ihnen alles zu glauben? Sie sagen uns zu oft nicht die Wahrheit. Es gab eine Westwahrheit und eine Ostwahrheit, und der kleine Mann stand verstört mittendrin. Es gibt nach wie vor eine Nordwahrheit und eine Südwahrheit, die sich immer mehr gegeneinander aufbauen: Welchen Parolen sollen wir glauben? Im Jahr 1940 sagte Joseph Goebbels: „In fünf Jahren werden unsere deutschen Städte schöner dastehen als je zuvor." Als die Frist verstrichen war, boten viele Städte ein Bild des Grauens. Sie waren zum großen Teil zerstört. „In fünf Jahren werden wir Ostdeutschland in blühende Landschaften verwandelt haben", versprach der ehemalige deutsche Bundeskanzler Helmut Kohl sinngemäß. Nach fünf Jahren war das Land davon noch weit entfernt.

Viele fragen: „Was soll ich noch glauben?" Sie geben sich selbst die Antwort: „Ich glaube überhaupt nichts mehr."

Worauf ist noch Verlass? Frauen sehen, dass ihre Männer sie betrügen, und umgekehrt. Die Lüge zerstört Ehen, Freundschaften, vergiftet die Atmosphäre am Arbeitsplatz. Die Menschen stehen da, werden immer unsicherer, kommen sich zu oft belogen vor.

Natürlich gibt es auch Ehrlichkeit, Wahrhaftigkeit. Aber wird das nicht längst als Ausnahme empfunden?

Wer sagt uns heute noch die Wahrheit?

Nicht einmal auf dem Sterbebett können wir vor Unwahrheiten sicher sein: Ein Mann lag im Sterben. Die Verwandten standen hilflos im Zimmer. Dann sprachen sie – es ist unglaublich, aber wahr – Lügen aus: „Vater, wird schon wieder werden. Kopf hoch! Lass dich nicht unterkriegen! Wir kennen dich doch! Unkraut vergeht nicht." Alle wussten, dass er sterben würde. Auf dem Krankenbett lag eine Zeitschrift. Wer glaubte, es wäre etwas gewesen, was den Kranken auf das Sterben vorbereitet, hätte sich geirrt. Es war eine Bauernzeitschrift. Sie hatten dem sterbenden Landwirt einen Artikel aufgeschlagen: „Wie unsere Rüben dicker werden!" Das war wohl gut gemeint gewesen, und doch war es Täuschung angesichts des Sterbens.

Wir leiden darunter, oft nicht die Wahrheit gesagt zu bekommen. Wie ist es aber mit uns selbst? Sagen wir sie denn? Wie viele Eltern belügen tagtäglich ihre Kinder, wie viele Kinder ihre Eltern? Wie schnell liegt uns allen eine Unwahrheit auf den Lippen!

Wer sagt uns heute noch die Wahrheit?

Wir sind nicht einmal sicher vor uns selbst. Es gibt Menschen, die sich selbst belügen. In einem Kreis junger Menschen sprachen wir über das Thema „Junge Leute und die Liebe". Ich hatte vorher in einem Vortrag geäußert, dass wir verantwortlich mit uns und unserem Leib umgehen müssen, ebenso mit unserem Partner; auch unsere sexuellen Triebe seien unter Gottes Verantwortung zu stellen. In Verantwortung wachsen Persönlichkeiten heran. In der anschließenden Diskussion erregte sich ein Schüler. Mit hochrotem Kopf sagte er wütend:

„Was Sie da sagen, ist unrealistisch. Das stimmt nicht. Die Triebe sind nun einmal da, also müssen sie befriedigt werden. Das ist meine Anschauung, und das ist die Wahrheit!"

„Wie sind Sie zu dieser ‚Wahrheit' gekommen?", fragte ich ihn.

„Wie meinen Sie das?"

„Ist Ihre Überzeugung auf dem Boden ernsthaften Prüfens und Nachdenkens gewachsen – oder auf dem Boden Ihrer persönlichen Veranlagung?"

Er wurde still. Was der persönlichen Veranlagung entspricht, wird zur Wahrheit erhoben. So leicht ist Wahrheit aber nicht zu haben.

Wer sagt uns heute noch die Wahrheit?

Wer hat sie denn, die Wahrheit?

Werfen wir einen Blick in die Politik. Auch hier prallt Wahrheit auf Wahrheit: In Irland standen sich sogar „christliche" Gruppen bis an die Zähne bewaffnet gegenüber. Die einen bombten gegen die anderen – im Namen der Wahrheit.

In Hebron hatte ich ein Gespräch mit einem palästinensischen Lehrer. „Was die Israelis hier machen, ist kriminell." Das sagte er mir mit Tränen in den Augen. Die Israelis dagegen sagen: „Das ist unsere Stadt, unser altes Recht, unsere Wahrheit!" Sie sagen es auch mit Tränen in den Augen. Nordkorea hat seine Wahrheit. Südkorea hat auch seine Wahrheit. Beide kämpfen im Namen ihrer gerechten Sache. Menschen hassen sich im Namen der Wahrheit. Amerika hat seine Wahrheit, die steht gegen die Wahrheit des Irak. Rotchina hat seine Wahrheit, die steht gegen die Wahrheit von Indien. Die Kroaten haben ihre Wahrheit, die steht gegen die Wahrheit der Serben.

Ein Riss geht durch die Völker. Was ist das? Sie sagen sich gegenseitig die Wahrheit, indem sie sich gegenseitig zerstören. Sie töten sich im Namen der Wahrheit.

Wir sind hineingerissen in das Hin und Her der verschiedenen Wahrheiten. Wer ein bisschen clever ist, passt sich an. Er springt alle paar Jahre auf den Boden der Wahrheit, die gerade dran ist. Er springt hin und her, wechselt seine Wahrheit und seine Weltanschauung, wie die Verhältnisse es erfordern. Diese Art zu leben mag für klug gehalten werden, wahr ist sie nicht.

Das also ist die Situation. Tausend Wahrheiten stehen gegeneinander. Wir lügen an den Sterbebetten derer, die wir lieben. Wir belügen uns selbst. Wir gehen an unserer eigenen Wahrheit zugrunde oder lassen andere im Namen unserer Wahrheit zugrunde gehen. Das ist die Katastrophe der Völker: Ihre Wahrheiten stehen gegeneinander. Wer sagt uns heute noch die Wahrheit? Ist es unser Schicksal, unterzugehen in den halben Wahrheiten, die nichts anderes sind als ganze Lügen? Wer kennt sich noch aus in dieser Welt?

Wenn wahr ist, dass alle Menschen von der Sehnsucht nach dem Leben getrieben werden, wenn das die Wahrheit ist, dass sie auf das Leben hin geschaffen sind, bricht mir angesichts ihrer Selbstzerstörung eine Ahnung auf: *Das, was einen anderen Menschen zerstört, kann nicht die Wahrheit sein.* Es kann nicht die Wahrheit sein, auch wenn es sich noch so wahrhaftig gebärdet. Und so stellen wir die Frage, die jetzt in der Luft liegt: *Was ist denn die Wahrheit?*

Wer bereit ist, dieser Frage nachzugehen, sollte sich vorher warnen lassen. Diese Frage können wir nicht stellen, ohne die Wahrheit wirklich zu wollen. Wer die Wahrheit nicht will und doch dieser Frage nachgeht, stempelt sich zum Heuchler ab. Der Wahrheit gegenüber gibt es kein gedankliches Spiel. Sie macht Ernst.

2. WAS IST WAHRHEIT?

Das haben wir vielleicht schon erkannt: Wahrheit kann nicht eine Meinung sein, die unter anderen

Meinungen Geltung hätte. So stünde Wahrheit gegen Wahrheit. Wahrheit kann auch nicht nur eine Idee sein, und sei sie noch so gut und hoch. Eine Idee ist ein System, ein Gebäude von mehr oder weniger guten Gedanken. Gedankengebäude sind Gebilde von Menschen. Der Mensch hat sie errichtet – er ist auch in der Lage, sie wieder zu zerbrechen. Kurz – eine Idee als Wahrheit, das ist *eine Wahrheit, die der Mensch macht.* Ein anderer Mensch hat eine andere Wahrheit. So stünde Wahrheit gegen Wahrheit. Das ist das Wesen der Ideologien.

Es ist logisch, dass Wahrheit nicht gegen Wahrheit stehen kann. Wahrheit steht – wenn irgendwo gegen – immer gegen Lüge. Wir begreifen also: Der Mensch kann Wahrheit nicht „machen", weil Wahrheit nicht gegen Wahrheit stehen kann. Der Mensch kann Ideen machen, Ideale, Systeme – aber keine Wahrheit. Die sogenannten „Wahrheiten", die vom Menschen abhängen, sind relative Wahrheiten. Dem Begriff „Wahrheit" aber eignet das Absolute.

Absolut heißt: unabhängig – unabhängig von Raum, Zeit, Geschichte. Absolute Wahrheit muss wahr sein für *alle* Menschen und Völker zu allen Zeiten. Wenn Wahrheit absolut ist, dann ist sie zugleich universal. Es muss also Wahrheit sein, über die wir nicht nach Belieben befinden können. Wahrheit befindet über uns.

Die Wahrheit hängt nicht ab von den Menschen, sondern Menschen hängen ab von der Wahrheit. Der Mensch kann sich zur Wahrheit nur verhalten.

Wenn ich auf diesen Seiten die Wahrheitsfrage anrühre, dann ist das darum gefährlich, weil Sie sich als Leserin oder Leser auf jeden Fall dazu verhalten werden. Was Sie zerreißen und in Ihrem Kern zerstören würde, wäre nicht, dass Sie die hier zur Sprache gebrachte Wahrheit u. U. nicht ergreifen, sondern dass Sie sie vielleicht *darum* nicht ergreifen, weil Sie Wahrheit gar nicht wollen.

Wie das gemeint ist, sei an einem Beispiel aus dem Neuen Testament erläutert. Es soll an dieser Stelle noch nicht die Wahrheitsfrage an sich klären. Es soll zunächst nur dazu dienen, eine uns eingeprägte Art aufzudecken. Hätte ich ein ähnliches gutes Beispiel aus der Literatur zur Hand, so könnte auch das an dieser Stelle stehen.

Da ist eine Szene im Neuen Testament, an der deutlich wird, dass nicht der Mensch die Wahrheit, sondern dass die Wahrheit den Menschen macht:

Früher Morgen in Jerusalem. Eine Gruppe von Männern zieht mit einem Gefangenen durch die Stadt. Sie bringen ihn zum Gouverneur der römischen Besatzungsmacht. Pontius Pilatus, so heißt er, kommt aus seinem Amtssitz und fragt die Leute: „Was hat er getan? Wie lautet eure Anklage?"

Sie drucksen herum:

„Wäre er kein Übeltäter, wir hätten ihn nicht hergebracht."

„Dann richtet ihr ihn nach eurem Gesetz."

Da sagen die Juden: „Uns ist nicht erlaubt, jemanden zu töten."

„Ach so", geht es dem Gouverneur durch den Kopf, „der Mann soll an den Galgen." Dafür war er als römischer Statthalter nun doch zuständig. Dumme Geschichte. Pilatus geht in sein Haus und lässt die

Juden draußen stehen. Dann lässt er den Gefangenen holen: Jesus von Nazareth.

Die beiden stehen sich gegenüber. Pilatus wird unsicher.

„Wer bist du? Bist du der König der Juden, wie von dir gesagt worden ist? Was hast du getan, was ist los? Was wird hier gespielt?"

Jesus antwortet: „Du ahnst nicht, was du sagst. Ich bin ein König, aber mein Reich ist nicht von dieser Welt."

Pilatus begreift das nicht. Das ist auch nicht zu verlangen. Aber während des Gesprächs wird ihm *eines* klar: Der Mann ist kein Verbrecher. Die Anklagen gegen ihn reichen nicht aus. Es fällt ihm wie Schuppen von den Augen: „Ich kann keine Schuld an ihm finden" (nach Johannes 18).

Hier ist etwas geschehen. Pilatus erkennt ein kleines Stück Wahrheit über Jesus: *Es ist keine Schuld an ihm.* Diese Erkenntnis ist ihm zugefallen. Was aber soll er machen? Da draußen stehen Männer, die den Gefangenen am Kreuz sehen wollen. Was soll er tun? Er schafft sich nicht gerne Feinde. An seine Stellung muss er auch denken. Die Juden würden es fertigbringen, sich beim Cäsar in Rom über Pilatus zu beschweren. Während Pilatus über all das nachdenkt, hört er Jesus sagen:

„Ich bin in die Welt gekommen, um für die Wahrheit Zeuge zu sein; dazu bin ich geboren. Jeder, der auf der Seite der Wahrheit steht, hört auf meine Stimme." (Johannes 18,37)

Das Wort „Wahrheit" ist gefallen. Dieses Wort nagelt Pilatus fest auf die inzwischen erkannte Wahrheit:

„Ich kann keine Schuld an ihm finden." Da spricht Pilatus – jetzt ereignet sich Sonderbares, es fällt ein seltsam schillernder Satz: „Was ist Wahrheit?"

Ein Stück *konkreter* Wahrheit hat der Mann erkannt. „Ich kann keine Schuld an ihm finden." Aber diese Wahrheit passt ihm schlecht an diesem Morgen. Was tut er? Er stellt eine *allgemeine* philosophische Frage: „Was ist Wahrheit? Das ist doch ein Problem, lieber Mann! Das ist vielschichtig und kompliziert. Philosophen haben sich daran die Zähne ausgebissen. Etwas Genaues wissen wir nie."

Es liegt auf der Hand. Die Frage nach der allgemeinen Wahrheit stellt der Mensch nur, um der konkreten Wahrheit auszuweichen. Schnell ein philosophisches Problem daraus gemacht, eine geistreiche Diskussion – die beste Methode, um sich vor der Wahrheit zu drücken.

Der Kampf um die Wahrheit wird nicht in unserer Gehirnmasse, auch nicht in den Hörsälen unserer Universitäten, sondern im Innern des Menschen ausgetragen. Nicht durch schlussfolgerndes Denken kommen wir zur Wahrheit, sondern durch konkrete Entscheidung.

Müssen wir nicht aber erst über die Wahrheit nachdenken, ehe wir uns dafür oder dagegen entscheiden können? Das stimmt natürlich, aber bei der Wahrheitsfindung liegt der Akzent auf der Entscheidung, nicht auf dem Denken. Denken verfügt nicht über Wahrheit. Wahrheit verfügt über das Denken, genauer: über die Denkenden. Wahrheit liegt auf einer höheren Ebene, als dass durch richtiges Denken schon etwas über die Wahrhaftigkeit eines Menschen gesagt wäre.

Denken ist nicht das entscheidende Mittel, um zur Wahrheit zu kommen. Die Wahrheit stellt sich ein. Sie öffnet sich selbst, gibt ein kleines Stück von sich selbst frei – und schon ist entscheidungsschwangere Luft, ausgelöst durch die Wahrheit. Die Wahrheit handelt, agiert. Wir können nur reagieren.

Was ist demnach Wahrheit? Wahrheit ist eine souveräne, vom Menschen unabhängige Größe. Noch einmal: Ihr eignet das Absolute. Der Mensch kann sich zur Wahrheit nur verhalten. Nicht er macht die Wahrheit, die Wahrheit macht ihn. Er kann sich nur entscheiden – dafür oder dagegen.

Pilatus-Situation ist Menschensituation. Menschensituation aber ist Entscheidungssituation. Das nun ist Pilatus: Weil ihm die konkrete Wahrheit nicht passt, holt er sich sein Alibi für die eigene Unwahrhaftigkeit in einer allgemeinen Problematik. Er hat zwar vor den Juden die Schuldlosigkeit des Angeklagten hervorgehoben, für seine unwahre Entscheidung aber war das Alibi schon gesichert.

Pilatus lebt in uns.

Er gab den Angeklagten folgerichtig in die Hände derer, die seinen Tod beschlossen hatten. Pilatus hatte zwar sein Alibi – „Was ist Wahrheit? Das ist doch ein Problem!" Von Stund an aber lief ein römischer Gouverneur mit zerrissener Seele durch die Welt.

Er hat nach der Wahrheit gefragt und hat sie gar nicht gewollt. Wir können diesen Satz sogar umdrehen: Weil er die Wahrheit nicht wollte, hat er nach der Wahrheit gefragt.

Wer sagt uns heute noch die Wahrheit?

Diese trotzig fordernde Frage können wir nunmehr nur noch sehr kleinlaut stellen. Wollen wir sie denn? Sind wir bereit, nach der Wahrheit zu fragen und sie auch wirklich zu wollen – auch wenn diese Wahrheit uns vielleicht gar nicht passt? Damit es noch einmal gesagt ist: Mit Wahrheit können wir nicht spielen. Sie macht mit uns überraschend Ernst.

3. DIE WAHRHEIT ÜBER UNS MENSCHEN

Wir haben gesagt: Die Wahrheit stellt sich ein. Der Mensch kann sich ihr gegenüber nur verhalten – so oder so.

Die Wahrheit „Er hat keine Schuld" stellte sich bei Pilatus ein. Dieser Wahrheit gegenüber konnte er sich verhalten. Er konnte den Gefangenen freisprechen oder ausliefern. Egal, was Pilatus tut, das Urteil über ihn fällt die Wahrheit. An *ihr* wird gemessen, ob er eine Lüge „tut" oder nicht. Dem Urteil der Wahrheit entflieht er nicht, auch wenn er es danach verzweifelt versucht: „Pilatus sah, dass er nichts erreichte. Im Gegenteil, der Tumult wurde immer schlimmer. Er ließ sich Wasser bringen, wusch sich vor den Augen der Menge die Hände und sagte: ‚Ich bin unschuldig am Tod dieses Mannes. Was jetzt geschieht, ist eure Sache'" (Matthäus 27,24).

Nein, Pilatus, dem Urteil der Wahrheit kannst du dich nicht dadurch entziehen, dass du den schwarzen Peter anderen zuspielst. Du hast selbst gesagt: „Ich habe Macht, dich freizulassen oder zu kreuzigen" (nach Johannes 19,10). Diese Macht hast du gebraucht, gegen deine Erkenntnis. Du hast dich zu der von dir erkannten Wahrheit verhalten, und zwar negativ. Damit hast du dich für die Lüge entschieden.

Nun ist uns dieser Geschichtsbericht als Warnbeispiel überliefert worden, wie Menschen meinen, sich im Fragen nach der abstrakten Wahrheit vor der konkreten Wahrheit drücken zu können. Außerdem hat das Beispiel uns gelehrt, dass in jedem Fall die Wahrheit über den Menschen befindet und nicht umgekehrt.

Jetzt will dieser biblische Text allerdings *mehr* sein als nur eine Erläuterung für den Begriff „Wahrheit". Die Bibel tritt mit einem provozierenden Anspruch auf. Sie sagt, dass sie Wahrheit bezeugt, die eine Wahrheit, außerhalb derer es keine gibt.

Nun müssen wir gespannt sein. Nach dem, was wir bisher gesagt haben, dürfte die Bibel jetzt von Wahrheit nicht als von einer Idee reden, und sei sie noch so hoch und fromm. Sie müsste von einer Größe reden, die souverän ist, unabhängig vom Menschen. Gerade das tut die Bibel auch.

Es heißt im Johannesevangelium: Jesus Christus spricht: „Wenn aber jener, der Geist der Wahrheit, gekommen ist, wird er euch in die ganze Wahrheit leiten" (Johannes 16,12; ELB). Dann sagt er: „Ich bin der Weg, ich bin *die Wahrheit,* und ich bin das Leben!"

Es ist des Nachdenkens wert: Wenn die Bibel von Wahrheit spricht, meint sie keine Idee. Biblische Wahrheit lässt sich nicht abstrakt denken, begreifen und nach Hause tragen. *Das Evangelium bezeugt die Wahrheit als Person.* Wir können nur in der Wahrheit sein, wenn wir verbunden mit der Wahrheits*person*

sind. „Ich bin die Wahrheit", sagt der, der das „Wort"
ist, durch das die Welt geschaffen wurde, Jesus Christus.

Diejenigen meiner Leser, die das – aus welchen
Gründen auch immer – nicht glauben können, bitte
ich, davon doch einmal als von einer Hypothese aus-
zugehen. Angenommen, das wäre wahr – was wäre
dann?

Es geht um die gerade erzählte Begebenheit, die
bisher nur eine Beispielgeschichte war. Die Geschichte geht ja weiter. Die Pilatus-Geschichte würde – wenn
Jesus die Wahrheit ist – zur Menschheitsgeschichte,
die negative Entscheidung zur Menschheitsentschei-
dung. Ist Christus die Wahrheit, erhält alles, was folgt,
weltgeschichtliche Bedeutung.

Hören wir, wie es weitergeht: „Dann nun lieferte
er ihn an sie aus, dass er gekreuzigt würde" (Johannes 19,16; ELB). Er – ihn! Der Mensch – die Wahrheit. Der Mensch überantwortet die Wahrheit, damit
sie an den Galgen käme – das steht hier. Ist Christus
die Wahrheit, dann führt das „Gekreuzigt" an einen
Ort der Geschichte, von dem aus unsere Welt ein unheimliches Licht erhält. Dieser Ort ragt heraus aus
unserer Welt wie ein Berg aus einer flachen Landschaft. Von der Höhe dieses Berges, der Golgatha
heißt, bekommen wir einen Blick für diese Welt, der
sich an keiner anderen Stelle sonst gewinnen lässt.
Auf Golgatha steht ein Kreuz. Von diesem Kreuz aus
gewinnt die Landschaft ein erschreckendes Bild.

Die Landschaft – damit meine ich diese Welt.
Die Landschaft, das sind unsere Jahrhunderte und
Jahrtausende, das Auf und Ab unserer Geschichte,

das Hin und Her der ungezählten Menschen. Hier ist das Leben der High Society genauso wie das der gestrandeten Leute. Hier tauchen große Namen auf, die stolz registriert werden – und hier ist das Heer der Namenlosen, die vergessen werden. Diese Landschaft – dazu gehören auch die paar Quadratmeter unseres persönlichen Lebens. Unsere kurzen Jahre gehören zu dieser Landschaft dazu, unsere Jahre voller Sehnsucht und Enttäuschung, voller Hoffnung und Resignation. Unser Jungsein und Altern, unser Glück und unser Unglück, unsere Freude und unsere Trauer, unsere ausgelassenen Feste und unsere verzweifelten Stunden – all das gehört zu dieser Landschaft. Die Landschaft ist diese Welt. Hier sind wir zu Hause. Hier gilt unser Gesetz. Hier gelten Normen und Maße, Gewohnheiten und Systeme, die uns vorwärtsbringen oder hindern im Flachland unseres Daseins.

Hier regiert die Meinung des Menschen. Hier bestimmt er, was groß ist und was klein, was böse ist oder gut. Hier gibt es immer nur eine Perspektive, die Perspektive dieser Welt: Flachlandperspektive. Wir sind mit dieser Landschaft verwachsen, sind ein Teil von ihr. Wir haben uns ihr angepasst, gehen in ihr auf. Hier bauen wir verbissen unsere Häuser, als wären wir in ihnen ewig zu Hause. Hier lieben wir, hier hassen wir. Hier wird sorgend behütet und brutal gemordet. Hier geben sich Menschen gönnerhaft oder vergehen vor Neid. Hier haben wir Gedanken und Pläne, Träume und Illusionen. Kurz – hier wird gelebt.

Aber mitten in dieser Landschaft ein Kreuz. Mitten in dieser Welt voller Leben ein Gekreuzigter.

Wer hat dieses Kreuz auf den Hügel gesetzt? Es waren Hände – den unseren gleich. Es waren unsere Hände! Wer hat den Gekreuzigten dort angenagelt? Es waren Menschen wie Sie und ich. Alle Illusionen über den Menschen verlieren sich, wenn der Gekreuzigte die Wahrheit ist. Hier erhält unsere Welt ein unheimliches Licht: Die Wahrheit hängt am Kreuz!

Was heißt das?

Das Kreuz ist das, was bei uns ein Galgen ist. Damit entledigen wir uns der Verbrecher, der Unmenschen, der Halbmenschen. Ein Kreuz stand auf Golgatha! Eines Tages, an einem Tage dieser Geschichte bewegt sich ein Zug von Menschen wie Sie und ich zu diesem Hügel hin.

Es ist alles, wie es immer war: Ein Kreuz, das ein Galgen ist; ein Mensch, der seinen letzten Gang antritt; eine johlende Menge, die sich wollüstig an seinen Qualen berauscht. Das ist natürlich interessant, immer wieder neu – aber nichts Einmaliges. Das alles ist nur ein kleiner Ausschnitt aus unserer Welt.

Wieso erhält die Welt dadurch ein unheimliches Licht?

Nun, da ist zunächst ein Unterschied. Es war ein Satz gefallen in dem Prozess. Der Richter selbst hatte gesprochen:

„Keine Schuld.“

Der Mund eines autorisierten Menschen hatte geredet:

„Keine Schuld.“

Ungezählte Ohren haben es gehört:

„Keine Schuld.“

Es war festgestellt. Von Menschen festgestellt, von Menschen vernommen: Der Mann von Golgatha – hat keine Schuld!

Der Mensch kann nicht beteuern, er habe es nicht gewusst. Er hat es selbst gesagt:

„Keine Schuld."

Dennoch finden sich Hände, die sich an ihm entsetzlich vergreifen.

Dennoch finden sich Mäuler, die schreien: „Kreuzige ihn!"

Sie wollen es übertönen, dieses „Keine Schuld".

Als der Mann dort hängt zwischen Himmel und Erde, mit Händen festgenagelt und mit den Füßen auch, da ist eines klar:

Hier gehören andere Hände ans Kreuz. Die Hände, die ihn getötet haben, sind Mörderhände. Wenn man feststellt: „Keine Schuld", und dennoch tötet, dann ist das Mord.

Da höre ich die Frage: Ist das denn etwas Besonderes? Wieso gewinnt von hier aus die Welt ein anderes Gesicht? Hass, Mord und Blutvergießen gehören nun einmal zu den Praktiken der Menschen. Dieser kleine Justizmord von Jerusalem gäbe nicht einmal eine zugkräftige Schlagzeile für die Zeitung.

Darum gerade geht es. Hass und Mord und vieles andere auch gehört zu dieser Welt. Hier am Kreuz geschieht für menschliche Begriffe nichts Besonderes und Außergewöhnliches. Aber – hier am Kreuz handeln nicht nur Menschen, wie sie immer handeln. Hier handelt *ein anderer* – darin liegt das Besondere. Es spitzt sich alles auf die eine Frage zu, wer Jesus Christus ist. Das Zeugnis der Bibel: Er ist die Wahrheit.

Hier das Besondere: In Jesus Christus hat Gott die Wahrheit in das normale Getriebe dieser Welt hineingestellt. Göttliche, ewige Wahrheit – in das normale Getriebe unserer Welt gestellt – landet auf dem kürzesten Wege am Kreuz. Solcher Art ist unsere normale Welt.

Da bricht unheimliche Erkenntnis auf: Das ist der Mensch, dass er die Wahrheit kreuzigt! Das Menschenbild der Bibel ist ernüchternd. Hier wird kein Süßholz geraspelt über den Menschen, hier gibt es keine Komplimente oder Schmeicheleien. Hier wird Bitteres zur Sprache gebracht.

Die Wahrheit ist eine Person: Jesus Christus! Die Wahrheit über uns kann sich darum nur entscheiden an der Person. Wie wir mit der Wahrheitsperson umgehen, daran zeigt sich, wer wir in Wahrheit sind. Das ist der Mensch; er verhält sich zur Wahrheit derart, dass er sie kreuzigt. Damit entscheidet er sich für die Lüge. Er entscheidet sich gegen den Himmel, für die Hölle. Schrecklichste aller Wirklichkeiten: Im Menschen kommt die Hölle zu Wort.

„Hölle" – ein Wort, das uns nicht fremd ist. Wir sprachen einmal von der Hölle von Verdun, von der Hölle von Stalingrad, Hölle von Auschwitz, Hölle von Dresden, Hölle von Vietnam, Hölle von Biafra. Die jüngere Zeit kennt die Höllen von Sarajewo, Ruanda, Tschetschenien und was diesen an Höllen noch folgen wird. Das ist die Menschheit: Tummelplatz der Hölle.

„Die Hölle, das sind die anderen", sagte der französische Philosoph Jean Paul Sartre. Nein, die Hölle, das sind *wir*. Der Mensch ohne Gott erlebt Hölle pur.

Aber dennoch, welch ein Erahnen der Wahrheit, dass im Menschen die Hölle zu Worte kommt!

„Hören Sie mir auf mit Sartre", sagte mir ein feinsinniger Herr. „Dieser Mensch konnte doch nur im Dreck herumwühlen, etwas anderes konnte er doch nicht." Unerquicklich wirkte Sartre auf jenen Sensiblen.

Aber – ist der „Dreck" denn nicht wahr?

In den Werken der Dichter und Denker, der Musiker und Maler zeigt sich wie in einem Spiegel ein Stück Wahrheit dieser Welt. Sie werden die geistesgeschichtlichen Seismografen genannt. Seismografen registrieren Erdbeben, Erschütterungen. In den Werken dieser Leute wird Erschütterung registriert. Sie schreiben, was sie empfinden, sie malen, wie sie es mit ihren Augen sehen. Sie schreiben auf ihre Weise, dass der Mensch todkrank ist. Sie malen, dass die Welt unter einer bürgerlichen Oberfläche zerstört ist. Hier ist der Aufschrei derer, die noch Empfindung haben. Hier ist der Aufschrei derer, die mehr sehen als nur die Oberfläche. Sie malen Flächen mit Rissen und Brüchen und Sprüngen. In der Tiefe ihrer Bilder sieht es dunkel aus. Finsternis.

Sie nennen sich Nihilisten – und sind doch die Steine Gottes, die zu schreien begonnen haben, seit sich in unseren Kirchen keine prophetische Stimme mehr erhebt. Das Menschenbild der Bibel und das Menschenbild jener „Seismografen" haben eine überraschende Nähe. In den Werken der Dichter, Denker und Künstler wird geahnt, was am Kreuz von Golgatha im Geheimnis sichtbar wird, nämlich dass auf der Seite des Menschen Finsternis die Wahrheit ist. Das ist Gottes Wahrheit über den Menschen. Sie deckt sich in unheimlicher Präzision mit der vorgefundenen Wirklichkeit.

Es ist eine gefallene, unerlöste Welt. Aus vielen Bildern unserer Zeitungen und Nachrichtensendungen schreit es uns entgegen: unerlöste Welt! Aus den Tränen der Mütter über ihre in unzähligen Kriegen gefallenen Söhne schreit es uns entgegen: unerlöste Welt! Aus den Konzentrationslagern schreit es uns entgegen: unerlöste Welt! Aus den blutigen Leibern von Ruanda schreit es uns entgegen: unerlöste Welt! Aus der ohnmächtigen Verzweiflung der Tschetschenen und Kurden schreit es uns entgegen: unerlöste Welt! Unzählige Leichen verhungerter Kinder schreien es uns entgegen: unerlöste Welt! Millionen im Leibe ihrer Mütter getöteter Kinder schreien es uns entgegen: unerlöste Welt! Kinderprostitution, Kindesmissbrauch, Straßenkinder der Dritten Welt, verstümmelte Kinder durch Tretminen. Alle schreien uns entgegen: unerlöste Welt! Wohin wollen wir einmal damit? Das bleibt doch! Das klebt doch an der Menschheit!

Wir haben eine Welt mit glitzernder Fassade – aber die Wahrheit, die uns frei macht, die uns erlöst, haben wir nicht. Das ist die Katastrophe des Menschen, dass er die Wahrheit nicht hat. Er schlug sie ans Kreuz.

Viele gehen hoch wie von der Tarantel gestochen, wenn sie solches hören. Sie empfinden es als eine Unverschämtheit, so etwas zu sagen. Sie nennen das unnormal, denn Millionen Menschen denken anders. Sie wissen nicht, was Wahrheit ist. Als ob die Masse darüber entscheidet, was Wahrheit sei! Über Wahrheit lässt sich nicht abstimmen.

Wenn das normal ist, was alle denken und glauben, dann stehen wir mit aller Leidenschaft gegen diese kurzsichtigen Normalitäten. Es ist so – die Wahrheit ist im gewissen Sinne „unverschämt". Sie macht klar, dass das Normale Lüge ist. Darum stürzt sich das Normale auf die Wahrheit und kreuzigt sie weiterhin in abgrundtiefer Feindschaft und abgrundtiefem Hass.

Menschen haben sich darüber in jeder Generation empört. Sie haben die biblische Wahrheit bespuckt, haben sie zertreten, wollten ihr zu jeder Zeit an das Leben. Dann wurde die Wahrheit lächerlich gemacht und ignoriert. Große Philosophien haben wir erdacht, die den Menschen geschmeichelt haben. Weltanschauungen wurden begründet, um diese Wahrheit endgültig zu erledigen. Unsere Philosophien sind immer wieder vergangen, und an ihren Gräbern stand die Wahrheit, die keiner Vergänglichkeit unterliegt. Sie ist geblieben, denn sie ist unabhängig von Weltanschauung und Philosophie, die Menschen machen. Die Wahrheit ist souverän, sie ist Person.

Die Wahrheit – Jesus Christus – spricht: „Ich habe euch Erschütterndes über euch selbst zu sagen – und das ist die Wahrheit. Ich habe von Dunkelheiten in euch zu reden, an denen eure Seele erstickt – und das ist die Wahrheit. Von einem Jammer habe ich zu sprechen, der blühende Menschen zerstört, der Völker gegen Völker treibt. Dieser Jammer heißt Sünde, diese Not heißt Schuld. Ich biete euch keine Schmeicheleien und keine Komplimente, aber die Wahrheit. Ich habe davon zu reden – und das tut weh. Ich habe den Finger darauf zu legen – und das tut weh. Ich habe das bloßzustellen – und das tut weh. Ich habe die Wahrheit zu sagen über euch selbst – und diese Wahrheit ist nicht fotogen."

Aber jetzt! So spricht dieser Herr: „Während ich davon rede, dürft ihr wissen, dass ich als *Heiland mitten unter euch stehe!*"

Nachdem der Mensch die Wahrheit gekreuzigt hat – und es heraus ist, wer der Mensch ist –, da wendet sich die gekreuzigte, aber nicht erledigte Wahrheit diesem Menschen zu und sagt: „Und wenn du mich tausendmal gekreuzigt hast – so will ich dich doch ewig bewahren. Wenn du mich tausendmal getötet hast, so will ich dir doch das Leben geben, ewiges Leben. Wenn du mich immer wieder verwundet hast, so will ich dich doch heilen. Wenn du mich geschlagen hast, so will ich dich schützen. Wenn du mich ständig verfluchst, so will ich dich doch segnen. Wenn du mich hasst, so will ich dich aber lieben." Das ist Wahrheit! Sie bleibt sich selbst treu!

Dieses ist nun das Eigentliche, was über die Wahrheit zu sagen ist. Die Wahrheit sagt ungeschminkt, wie wir sind: todkrank. Aber sie sagt in unbegreiflicher Weise, was uns heilt.

4. VON DER WAHRHEIT, DIE UNS FREI MACHT

Wir haben uns oben stillschweigend auf einen Satz einigen können: „Was einen anderen Menschen zerstört, kann nicht die Wahrheit sein."

Nun sagen wir dazu den anderen Satz: *Was den Menschen wirklich heilt, muss die Wahrheit sein.* Das, was den Menschen frei macht von den Verstrickungen der Lüge und der Zerstörung, was ihn zu seiner eigentlichen Bestimmung kommen lässt, das muss die Wahrheit sein.

Was heilt uns denn? Was macht uns denn frei?

Keine Wahrheit der Welt hat wirklich frei gemacht. Keine Wahrheit trägt durch, wenn es um die letzten Fragen des Menschseins geht. Die Wahrheiten dieser Welt reichen nicht aus, uns zu heilen, sie haben im Endeffekt immer nur zerstört, auch wenn sie vorher umjubelt wurden.

Was heilt uns denn? Was macht uns denn frei?

Jesus Christus spricht: „Die Wahrheit wird euch frei machen – und diese Wahrheit bin ich!" (siehe Johannes 8,32). Hier ist der Anspruch, dass in keinem anderen Heil, dass den Menschen auch kein anderer Name unter dem Himmel gegeben ist, durch den sie gerettet werden sollen, als der Name Jesus Christus. In ihm wird eine Welt wieder heil, weil er der Heiland ist. Es wird so lange Unheil geben und damit Selbstzerstörung des Menschen, wie er sich gegen diese Wahrheit stellt. Wer die Wahrheit ablehnt, begibt sich auf das Terrain der Lüge; sein Leben spielt sich ab unter dem Vorzeichen eines Minus. Natürlich gibt es unter diesem negativen Vorzeichen manches Gute, Positive. Edles ist zu nennen – was aber bedeutet es, wenn das Vorzeichen Minus ist?

„Frieden auf Erden" war die Botschaft bei der Geburt Jesu. Dieser Friede Gottes, der höher ist als alle Vernunft, kommt nicht mit kriegerischer Gewalt über uns. Jesus muss aufgenommen werden! So kommt er zum Menschen. Die Welt bekommt so lange keinen Frieden, wie sie ohne Wahrheit ist. Der Mensch kann sich der Wahrheit widersetzen. Er muss sich dann nur nicht wundern, dass kein Friede ist. Es ist in dem Maße Frieden auf Erden, wie Menschen bereit sind, Jesus Christus anzunehmen. Der Mensch steht vor der Herausforderung: Die Wahrheit wird ihn frei machen, ohne Wahrheit liegt die Menschheit in Ketten.

Sehen wir auf ein neutestamentliches Zeichen, das uns auf den Kern der Sache führt.

Jesus hatte zu vielen Menschen geredet. Sie hatten ihm lange zugehört, ohne müde zu werden. Plötzlich gerieten sie in Bewegung. Etwas Unerhörtes war passiert. Ein Aussätziger war aufgetaucht unter den Leuten. Skandal! Mit Aussatz wurde oft die schreckliche Krankheit Lepra bezeichnet. Es heißt über diese Krankheit: „Die Haut reißt, und in den Rissen bilden sich Geschwüre. Sodann sterben die Extremitäten ab, die Nase, die Ohren, die Finger und Fußspitzen. Die Nägel fallen ab an Händen und Füßen, die Augenlider verzerren sich, die Haare überziehen sich mit einem widrig riechenden Schorf, die Sinne stumpfen ab, die glanzlosen Augen triefen immer. Aus den Nasenlöchern fließt widriger Schleim. Das Ende ist Auszehrung, Wassersucht, Erstickung und Tod."

Solch einer tauchte auf unter den Leuten. Das war streng verboten. Aussätzige waren ausgestoßen. Sie mussten ihr Leben außerhalb der Städte und Dörfer verbringen.

Dieser Mann hatte sicher einmal eine Frau. Er musste erleben, wie seine eigene Frau sich entsetzt von ihm abwandte. Abscheu stand in ihren Augen geschrieben. Sie war doch seine Frau, und er hatte sie lieb. Und da waren vielleicht seine Kinder. Er wollte sie umarmen, aber sie kreischten auf und liefen in panischer Angst vor ihm weg.

Solch ein Aussätziger ist ein Bild für den zerstörten und unerlösten Menschen, der nicht heil ist, sondern todkrank. Das ist das Menschenbild der Bibel: Wir sind ein Geschlecht von Aussätzigen.

Solch einer taucht auf. Er hatte wohl von Jesus gehört, und nun treibt ihn unwiderstehliches Verlangen: „Ich möchte zu Jesus kommen!" Er ahnt, dass er bei ihm zur Wahrheit kommt, die ihn frei macht.

Wenn die Menschen doch von dem Verlangen getrieben würden, zur Wahrheit zu kommen! Stattdessen bewegt sie oft nur das Verlangen, zu ein wenig Geld oder Karriere zu kommen, als ob das einen Menschen frei machen könnte.

Der Aussätzige hier will nichts anderes mehr, er will zu Jesus kommen. Vielleicht hat ihm jemand zugeschrien: „Kerl, was erlaubst du dir? Was denken die Leute!"

Ich sehe, wie er aufblickt und sagt:

„Was scheren mich die Leute! Ich will zu Jesus kommen!" Wenn einer todkrank ist, dann fragt er nicht mehr nach den Leuten, dann läuft er zu dem, der heilen kann. Wie viele Menschen kommen nicht zu Jesus, weil sie Angst haben vor den Leuten.

Fragt doch nicht nach den Leuten, wenn es um die Wahrheit geht!

Fragt doch nicht nach den Leuten, wenn es um Jesus Christus geht!

Fragt nicht nach den Leuten, wenn es um Himmel und Hölle geht!

Der Aussätzige fragt nicht mehr nach den Leuten. Er will endlich zu Jesus kommen. Die Menschen weichen zurück, als der Unreine kommt. Sie ahnen ja nicht, dass sie hier das Bild ihrer eigenen Zerstörung vor sich sehen. Alle weichen zurück, nur Jesus nicht. Er ist doch für solche da.

Die empörten Menschen greifen nach Stöcken und Steinen, um den Kranken zu vertreiben. Sie wollen verhindern, dass er zu Jesus kommt. So ist es bis heute. Wenn jemand auf dem Weg ist, Christ zu werden, dann kann er sicher sein, dass die Menschen – vielleicht sogar die allernächsten – versuchen werden, ihn von Jesus zu vertreiben

Einer aber steht da und ruft: „Komm her!" Jesus!

Da lässt sich der Aussätzige von niemandem mehr aufhalten. Dann steht er endlich vor Jesus. Er kniet sich vor ihm hin und weint dem Sohn Gottes seinen ganzen Jammer vor die Füße: „Mein Leben ist zerstört und unerlöst. Das ist kein Leben, das ich führe. Aber Jesus, wenn du willst, dann kannst du mich reinigen!"

Hier ist ein Mensch zur Wahrheit gekommen über sich selbst. Er geht mit seinem Elend zu dem einen, der eine andere Wahrheit für ihn hat. Was sich zwischen dem Aussätzigen und Jesus ereignet, das ist mehr als eine vergangene Geschichte. Das ist eine Botschaft an unsere Welt: Der unerlöste Mensch und der Heiland der Welt müssen zusammenkommen. So kommt es zur Erlösung – nur so!

Es gibt nur eine Hoffnung für die Welt, nur eine Chance für die Völker: Sie müssen zur Wahrheit kommen. Die Wahrheit können wir uns nicht machen. Die hat Gott uns gemacht, und sie ist eine Person: Jesus Christus! Nur in IHM kann auch der Mensch unserer Zeit zur Ruhe kommen, weil er in ihm zur Wahrheit kommt. Das ist doch die Unruhe der Völker, dass sie Jesus, die Wahrheit, nicht haben. Das war die Unruhe des Kommunismus, dass er die Wahrheit nicht hatte. Das ist die Unruhe im Kapitalismus, dass auch er die Wahrheit nicht hat. Der Mensch muss mit seinem Elend zu Jesus kommen.

Die Menschen starren gebannt zu Jesus herüber, zu dessen Füßen der Aussätzige kniet. Was wird Jesus machen? Er wird sich doch von diesem Bündel Elend nicht anrühren und aufhalten lassen! Er ist doch zu Höherem bestimmt. als sich mit solchem Dreck zu beschäftigen. So denkt die Masse. Sie kennt Jesus nicht!

Da spielt sich vor den Augen der Leute etwas Wunderbares ab. Es ist, als habe er nur noch Augen für den, der auf der Erde liegt und ihn anbettelt. Jesus fasst ihn an. Er berührt mit seinen Händen die kranken Stellen und sagt:

„Ich will dich gesund machen. Sei gereinigt!"

Das ist Jesus! Es gibt keinen Jammer dieser Welt, kein Elend, keine Schuld, für die er nicht da wäre. Darum ist er gekommen: zu suchen und zu retten, was verloren ist.

Alle, die vielleicht hohe Gedanken über Jesus denken, ihn gut und edel finden, müssen erleben, dass es ihm um Komplimente nicht geht. „Wer mich ehren will, mache es wie dieses Bündel Elend", würde Jesus sagen. „Er kam zu mir und brachte mir seine

Zerrissenheit und Not." Den Sohn Gottes ehrt, wenn wir ihm unser Elend bringen, unsere Sünde und Schuld, unsere belasteten Gewissen.

Niemand ist unter den Menschen, der keinen Aussatz hätte. Niemand meiner Leser kann in Wahrheit sagen, diese Geschichte gehe ihn nichts an, weil niemand von ihnen ohne Sünde ist. Diese Geschichte von der Heilung des Aussätzigen geht die ganze Welt etwas an! Wo wollen wir einmal hin mit unserer Schuld, wenn nicht zu Jesus Christus, der dafür gestorben ist? Wohin will unsere Welt mit ihren Völkermorden und Millionen von Kindestötungen? Wohin mit den Ehebrüchen, mit allem Hass und Elend?

Warum kommen wir nicht zu Jesus? Er berührt den Menschen und verändert ihn unter der Hand. Er verändert die Person des Menschen. So kommt es zu einer „neuen Geburt". „Neue Schöpfung", sagt die Schrift. *Wie* ein Mensch auch heute zu Jesus kommen kann, sodass er weiß, er ist in seiner Hand und damit sein ewiges Eigentum, davon wird noch die Rede sein.

Ein seltsamer Satz findet sich nach der Heilung des Aussätzigen:

„So erfüllte sich, was durch den Propheten Jesaja vorausgesagt worden war: *‚Er selbst hat unsere Leiden auf sich genommen, er hat unsere Krankheiten getragen'"* (Matthäus 8,16.17).

Das bedeutet: Als Jesus den Aussätzigen heilte, lud er dessen Elend auf sich selbst und trug es ans Kreuz. Auf Golgatha hat er das Elend dieser Welt getragen. Wo wäre diese Welt, wenn Gott sie nicht liebte? Sie hinge längst am Kreuz. Wo wären die Völker, wenn Gott sie nicht liebte? Wo wären wir, wenn Gott uns nicht liebte?

Dass Gott die Russen liebt und die Amerikaner, die Chinesen, die Juden und die Deutschen – Völker, die sich z. T. unerträglich an Gott und den Menschen versündigt haben –, dass der Ewige sie dennoch liebt, das ist das Einzige, was dieser Welt Glanz verleiht.

Nun vernehmen den Zuspruch der Liebe Gottes nicht die Massen. Er ergeht an Einzelne. Über viele Einzelne kommt Gott zu seinem Ziel: Er will die Erlösung der Völker. Wie der Leser dieser Zeilen ein Einzelner ist, so ergeht der Zuspruch und die Anfrage des Evangeliums an ihn sehr persönlich: *Bist du schon zur Wahrheit gekommen?* Das ist die Anfrage, die von Gott her auf jeden von uns zukommt.

So spricht der Herr: „Hast du dein Elend und deine Großartigkeit, deine Sünde und deine Schuld, dein Leid und deine Lust – kurz: Hast du dein Leben und Sterben zu mir gebracht und dich damit an die Wahrheit gebunden?"

Das kann der von Gott Angerührte tun, so wie der Aussätzige es tat. Die Wahrheit ist überall. Sie ist absolut, d. h. unabhängig von Raum und Zeit. Es gibt keinen Raum und keine Zeit, wo die Wahrheit in Person nicht immer ist. Darum beten Christen, weil sie wissen: Ihr Herr ist eine Handbreit neben ihnen. Darum kann der, der Christ werden will, es diesem Herrn im Gebet sagen: „Ich komme zu dir, so wie ich bin!" Jesus aber sagt zu solchen: „Wer zu mir kommt, den werde ich nicht hinausstoßen" (Johannes 6,37; ELB). Auf dieses Wort ist unverbrüchlich Verlass.

„Die Wahrheit wird euch frei machen" – das verkündigt uns das Neue Testament auf jeder Seite. Jesus macht uns frei von allen Sünden. Wir sollen darum nicht mehr ohne Wahrheit leben.

Es ist nicht nur eine Freiheit von Sünden allein. Wir erfahren eine innere Freiheit von den Dingen und den Verhältnissen des Lebens. Das alles ist nun nicht mehr das Eigentliche und Letzte. Es wird unter der Hand zum Vorletzten. Wir erhalten die Möglichkeit, eine Distanz zu gewinnen zu den Menschen und ihren Meinungen, eine Distanz zu Kritik und Applaus, zu Freud und Leid, Erfolg und Misserfolg. Die Wahrheit – Jesus – befreit zu einem Leben in Unabhängigkeit, zum ewigen Leben. Wir können zur Wahrheit kommen, indem wir zu Jesus kommen. Wo der Geist dieses Herrn ist, da ist Freiheit!

Es ist nicht nur eine Freiheit *von* etwas, es ist eine Freiheit *zu* etwas. Ein Mensch, der dieser Wahrheit begegnet ist, hat es nicht mehr nötig, sich um die eigene Achse zu drehen, nur an sich zu denken. Die Begegnung mit der Wahrheit ermöglicht die Hinwendung zum Nächsten als eine „leichte Last". Mir sind junge Leute bekannt, die, nachdem sie Christen wurden, gut bezahlte Stellungen aufgaben und in schlechter bezahlten sozialen, missionarischen oder diakonischen Berufen ihr Christsein praktizieren. Christsein bedeutet nicht, die eigene Innerlichkeit zu pflegen. Christsein ist ein unverkrampftes, von sich selbst befreites Leben, das sich in den Dienst gestellt weiß.

Nach dem Zuspruch und der Ansage der Wahrheit ist der Mensch gerufen. Die Wahrheit ist da. Sie ist eine Person. Aber diese Person zwingt uns nicht, sie fällt nicht mit Gewalt über uns her. Sie wirkt Glauben und ruft. Uns lässt sie Raum zu antworten.

„Jeder, der aus der Wahrheit ist, hört meine Stimme" (Johannes 28,37; ELB) hatte Jesus zu Pilatus gesagt. „Aus der Wahrheit sein", das ist die einzige Leistung des Menschen. Derjenige ist „aus der Wahrheit", der Wahrheit will. Der für Wahrheit Geöffnete hört – vielleicht nur im leisen Ahnen – die Stimme Jesu. In dem Maß, wie er bereit ist, offen zu fragen, ob hier wohl Wahrheit sei, wird die Wahrheit sich durchsetzen.

In einem Gespräch sagte mir ein Student, dass er all das, was ich über Jesus gesagt hatte, so einfach nicht glauben könne. Er befand sich in einem Durcheinander vieler Gedanken, die es ihm unmöglich machten, den Absolutheitsanspruch Jesu gelten zu lassen. Darauf sagte ich ihm, dass zunächst eine gedankliche Klärung für ihn gut sei, allerdings sei sie am Ende nicht das Ausschlaggebende. „Entscheidend ist das eine", erklärte ich ihm, „dass Sie nicht von vornherein beschließen, dass die Wahrheit des Evangeliums nicht stimmen darf, sondern dass Sie dem Evangelium gegenüber als der möglichen Wahrheit offen sind. Im letzteren Falle werden Sie bald schon Christ sein." Er sah mich erstaunt an. Eines wusste ich aufgrund des Neuen Testaments: Wer zur Wahrheit kommen wird, kann nur zu Jesus Christus kommen, denn Jesus Christus ist Wahrheit. Nach weniger als einem Jahr hat sich Jesu Wort bei jenem Studenten als wahr erwiesen. Er „hörte" die Stimme Jesu und wusste: „Jetzt geht es um meine Antwort." Er hat sie vollzogen für den, der die Wahrheit ist.

V. Entscheidung

I. HERAUSTRITT AUS DER MASSE

Als der Herr im braunen Straßenanzug das Reisebüro in Hannover betrat, ahnte er nicht, dass er in den nächsten 20 Minuten eine wesentliche Entscheidung über sein weiteres Schicksal treffen würde.

Unbekümmert stellte er sich zu einigen Wartenden und wartete geduldig, bis er an die Reihe kam. Dann sagte er der freundlichen Dame hinter dem Tisch, dass er am 2. Juli in den Urlaub nach Italien reisen wolle, und zwar nach Rom.

„Gern", lächelte sie und tippte etwas in den Computer. Er könne über Frankfurt – Zürich – Mailand fahren und sei bereits am 3. Juli am ersehnten Ort.

„Wunderbar!", erwiderte der Herr, sie solle ihm bitte auch die Verbindung für die Rückfahrt am 27. Juli nennen, und die Fahrkarten wolle er gleich mitnehmen.

Wieder wandte sich die freundliche Dame ihrem Computer zu. Die Züge um diese Jahreszeit seien alle sehr voll, sagte sie, es empfehle sich daher, gegen einen gewissen Preisaufschlag eine Platzkarte zu lösen. Der Herr war damit einverstanden.

„Oh!", entfuhr es der Dame, es sähe so aus, als seien die Platzkarten schon ausverkauft. Ach nein, da sei gerade noch ein Platz frei, Wagen sieben, Abteil vier, Platz drei.

„Wunderbar!", sagte der Herr im braunen Straßenanzug.

Während die Angestellte des Reisebüros zu tun hatte, fiel der Blick ihres Kunden auf einen Prospekt: „Urlaub in Spanien, Sonne am Meer". Es durchfuhr ihn heiß. Das wäre viel eher etwas für ihn als die ehrwürdige italienische Hauptstadt. Rom könne sehr langweilig sein, hatte ihm übrigens einmal jemand gesagt, den er gut kannte. Was solle er auch in Rom, fragte er sich.

Sie möge entschuldigen, aber er möchte gern Genaueres über das Angebot in Spanien wissen. Er erhielt die gewünschte Auskunft, entschuldigte sich noch einmal und – er hätte doch lieber Spanien gebucht, so entschied er, etwas verlegen lächelnd, aber bestimmt. Er brauche sich doch nicht zu entschuldigen, sagte die freundliche Dame. Das erlebe sie öfter, dass sich ein Kunde noch schnell eines anderen besänne.

So fuhr der Herr nach Spanien, lernte dort nicht nur die schönen Strände kennen, sondern auch eine sympathische Frankfurterin, mit der er ein Jahr später zur Hochzeitsreise noch einmal nach Barcelona fuhr.

Bevor es dazu kam, ereignete es sich, dass er – aus dem Urlaub wieder zu Hause angekommen – in alten Zeitungen blätterte und von einem Zugunglück las, das sich in der Nacht zum 3. Juli auf der Strecke Mailand – Rom ereignet hatte. Mehrere Wagen waren entgleist, einer davon war gegen einen Brückenpfeiler geschleudert und in der Mitte eines Abteils auseinandergerissen worden. Die sechs

Insassen waren zu Tode gekommen, außerdem gab es Verletzte.

Der Herr im braunen Straßenanzug dachte kurz, dass solche Unglücksfälle wahrhaftig nichts Angenehmes seien. Weder die Bahnstrecke noch das Datum sagten ihm indes etwas. So wäre es für sein Bewusstsein auch ohne Belang gewesen, wenn sich der Pressebericht in Einzelheiten ergangen hätte, z. B. dass das Todesabteil mit der Nummer vier beziffert war und es sich um den Wagen Nummer sieben gehandelt habe. So sehr hatte der Herr vergessen, dass er damit ursprünglich über Mailand nach Rom hatte fahren wollen.

Diese kleine Geschichte – das sei zugegeben – ist Satz für Satz erfunden. Aber ich bin mir nicht sicher, ob es den Herrn im braunen Straßenanzug nicht schon oft gegeben hat. Jedenfalls ist unser Leben von den Folgen großer und kleiner Entscheidungen durchwirkt. Da gibt es Entscheidungen, die mehr zufällig getroffen werden und von denen dann doch vieles abhängt, wie der plötzliche Entschluss jenes Herrn, statt Italien lieber Spanien zu bereisen. Andere Entscheidungen werden sehr bewusst gefällt: Welchen Beruf soll ich wählen? Soll ich heiraten oder nicht?

Entscheidungen bestimmen das Leben. Ohne sie ist unser Dasein gar nicht denkbar. Wer leben will, wird entscheiden müssen; nach diesem Gesetz sind wir alle angetreten. Der Mensch hat einen Willen. Er kann prüfen und überlegen, abwägen und wählen. Es gehört zum Menschsein des Menschen, dass er entscheiden kann. Von Natur aus ist ihm ein großer Raum dazu gegeben.

In der postmodernen Welt ist die Möglichkeit, sich frei zu entscheiden, besonders gegeben. Andererseits gibt es große Gruppen und Verbände, an die der Einzelne Entscheidungen delegieren kann. Massenorganisationen wie Gewerkschaften, Genossenschaften, Parteien oder Kirchen nehmen uns Entscheidungen ab. Die Technik besorgt ein Übriges.

Das Leben wird laufend bequemer und in gewisser Beziehung einfacher, aber diese Art von Vereinfachung muss mit voranschreitendem Verlust des Menschseins bezahlt werden. Das alles sind Symptome unserer Massengesellschaft, in der der Einzelne immer mehr aufhört, Einzelner zu sein.

Die modernen Kommunikationsmittel steuern das Ihre zur Festigung dieses Zustandes bei. Millionen von Menschen sehen z. B. Abend für Abend dasselbe Fernsehprogramm und haben damit ständig dasselbe „Bildungserlebnis", das sie gleichschaltet, auf ein und dieselbe Spur bringt. Der Einzelne wird „eingelattet" in den unabsehbaren Lattenzaun der Masse Mensch. Des Menschen Entscheidungsmöglichkeit wird immer begrenzter, seine Entscheidungswilligkeit immer geringer. Die Masse der Menschen denkt nicht, die Masse gehorcht. Die Masse lenkt nicht, sie wird gelenkt; sie entscheidet nicht, sie lässt sich Entscheidungen abnehmen und bezahlt dafür mit Verlust an Freiheit und Geld. In der Masse zerfällt die Person unbemerkt. *Substanzverwandlung.*

„Worin besteht diese Substanzverwandlung? Personsein ist eine Qualität. Das Kollektivum aber ist eine Quantität. Unter dem Überdruck der Quantität geht die personale Qualität der Person in einen anderen Zustand über, eben den der Quantität. Erst im Zustand der Verflüssigung schmeidigt sich der Einzelne in die technischen Ordnungsmethoden ein, die im Wesen des Kollektivismus als einer quantitativen Größe mitgegeben sind. Es entsteht die unbegrenzte Knetbarkeit der Masse."[11]

Gibt es für den Einzelnen, dessen Menschsein so gefährdet ist, die Möglichkeit, auszubrechen aus der Masse, die sein Personsein erdrückt?

Es geht unter der Bedingung, dass er mit seinem Leben auf das Fundament kommt, das schlechterdings nicht von dieser Welt ist. Der Mensch muss seine Existenz wagen an den Gekreuzigten und Auferstandenen, der ihn ruft. Unter dem Zugriff der Wahrheitsperson, Jesus Christus, wird der Mensch herausgenommen aus der Masse. Er bleibt zwar einer unter vielen, aber er wird Einzelner vor Gott. Diesem Zugriff kann er sich überlassen oder aber entziehen. Überlässt er sich ihm, so wird er in der Hand des Ewigen geformt und gestaltet zu befreiender innerer Unabhängigkeit.

Billige Weltflucht? Nein. Als Befreiter und Veränderter wird er ein Gesandter sein in die Welt hinein. Er wird Salz der Erde als einer, der den Boden der Wahrheit unter den Füßen hat, über die diese Welt nicht verfügt.

Wer in der Masse bleibt, bleibt in der Namenlosigkeit. Das ist die Anonymität, die vom Massenmenschen als Wonne empfunden wird, verleiht sie ihm doch das Gefühl von Sicherheit. Darum ist die Masse, bewusst

---

11 Paul Schütz, „Parusia", Seite 37

oder unbewusst, offen oder versteckt, immer ein Feind des Wortes Gottes. Gottes Sohn ist für alle gestorben, für jeden Einzelnen in der Masse. Sobald aber diese Einzelnen zur Masse werden, gehen sie in der Masse verloren. Die Masse will den Einzelnen nicht. Sie fühlt sich durch den Sohn Gottes bedroht, weil er die Menschen mit Namen ruft. Sein Wort ist imstande, aus der Masse wieder Einzelne zu machen. Sein Wort holt aus der Namenlosigkeit heraus. Es allein macht uns zu Menschen, denen gesagt ist: „Mit ewiger Liebe habe ich dich geliebt. Ich habe dich bei *deinem* Namen gerufen. Du bist mein" (Jeremia 31,3; Jesaja 43,1).

Gottes Wort provoziert die Masse. Wenn wir nach den Hintergründen fragen, werden wir erkennen, dass dort, wo das Wort den Menschen begegnet, Machtauseinandersetzung beginnt.

2. EINE MACHTFRAGE WIRD GEKLÄRT

Im ersten Brief des Evangelisten Johannes findet sich der Satz:

„Wer den Sohn hat, hat das Leben; wer den Sohn Gottes nicht hat, hat das Leben nicht" (1. Johannes 5,12).

In diesem Satz ist die Provokation des Neuen Testamentes zur Sprache gebracht. Nur wer Jesus Christus als seinen Herrn hat, lebt. Wer ihn nicht hat, ist im Sinne der Bibel tot. Alle Bewegungen der Menschen, in denen sie sich lebendig gebärden, sind danach nichts anderes als Zuckungen des Todes.

Solch ein Satz des Neuen Testaments wirkt auf die Masse wie ein Stich in ein eitriges Geschwür. Er kann nur als unerhört empfunden werden, so ärgerlich ist er, so abstoßend, beleidigend und kränkend für unseren Stolz. Er besagt, dass unsere lebenshungrige Welt das Leben verfehlt. Viele erledigen solch einen Satz darum instinktiv dadurch, dass sie ihn erst gar nicht zur Kenntnis nehmen. Diesem Stachel wird ausgewichen. Es wäre nicht auszudenken, wenn das wahr wäre: „Wer den Sohn hat, hat das Leben; wer den Sohn Gottes nicht hat, hat das Leben nicht." Das darf nicht wahr sein, so schließen viele, sonst wäre das Leben mit all seinen Faszinationen eine einzige Krankheit. Ausgerechnet dieser ärgerliche Satz würde das Heilsame anzeigen, das, was allein zur Genesung führt. Wie kann das zur Genesung führen, was wehtut und sticht? Lieber wollen wir den Juckreiz des sich auswachsenden Geschwürs als den heilenden Stich, der schmerzhaft ins kranke Zentrum trifft. So geben wir uns aus Instinkt der Krankheit hin und verwahren uns empört gegen das, was gesund macht. So weit ist es mit uns gekommen: Das Kranke wird als gesund empfunden und das Gesunde als das Kränkende und Kranke.

Wir haben von der Sehnsucht gesprochen, die uns zum Leben, d. h. zu Gott, ziehen will und die in allen Menschen brennt. Wie konnte unsere Sehnsucht nach dem Leben so unter die Räder geraten, dass wir nur noch dem Instinkt folgen, der uns genau da zurückschrecken lässt, wo das Leben sich meldet? Wer hat es mit uns so weit gebracht?

Hier hat einer seine Hände im Spiel, mit dem wir längst nicht mehr gerechnet haben.

Das Neue Testament stellt dem, der Leben schafft, den gegenüber, der es darauf anlegt, Leben zu zerstören. Da ist vom „Vater der Lüge" die Rede, vom „Mörder von Anfang an". Die biblischen Texte beschreiben ihn als Diabolos, den Durcheinanderwerfer. Luther übersetzt „Teufel".

Teuflische Macht ist ständig damit beschäftigt, aus Licht Finsternis und aus Finsternis Licht zu machen. Der Durcheinanderwerfer tritt dabei überaus logisch vor uns hin, kommt unseren Trieben und Instinkten entgegen, versteht es, sich in einen „Engel des Lichtes" zu verkleiden, und vermag im Gewande vernünftiger, auch theologischer Argumente einherzugehen. Der „mündige" Mensch unseres Jahrhunderts ist ihm im großen Stil *hörig* geworden.

Eines der größten Werke des Teufels war es, uns darüber „aufgeklärt" zu haben, dass es ihn nicht gibt. Das „Böse" kam in unserem Bewusstsein nur noch als das „sogenannte" vor und war Thema der vergleichenden Verhaltensforschung – womit gegen diesen Zweig der Wissenschaften nichts gesagt sein soll.

Heute haben Okkultisten und Satanisten Hochkonjunktur. Erwachsene, besonders aber Jugendliche, sind in entsprechende Machenschaften verstrickt.

Das andere Werk des Teufels ist dieses: Aus Mangel an Vollmacht, unsere Sehnsucht nach dem Leben zu töten, lenkt er diese Sehnsucht ab, indem er Leben da vortäuscht, wo es nicht ist. Mit dem Durst, der uns zur Quelle ziehen will, werden wir an flache Wasser geführt, die unseren Durst zu stillen scheinen. Aber nicht der Durst nach dem Leben wurde gestillt, lediglich unsere Triebe wurden befriedigt. Der Durst ist auf die Quelle hin angelegt und nicht auf flache Gewässer.

In einem Gespräch, das Jesus mit einer Frau führt, sagt er:

„Jeder, der von diesem Wasser trinkt, wird wieder Durst bekommen" (Johannes 4,13).

Damit meint er nicht bloß das Wasser, das die Frau gerade aus einem Brunnen holen will, sondern symbolisch das, womit sie ihre Sehnsucht nach dem Leben zu stillen sucht. Dann fährt er fort: „Wer aber von dem Wasser trinkt, das ich ihm geben werde, wird niemals mehr durstig sein. Das Wasser, das ich ihm gebe, wird in ihm zu einer Quelle werden, die unaufhörlich fließt, bis ins ewige Leben" (Vers 14). Damit weist Jesus eindeutig auf sich selbst. *Er* ist die Quelle des Lebens, die uns satt machen kann, denn er ist Gott.

Die Dinge dieser Welt sind nicht die Quelle. Sie können nicht mehr geben als etwas Befriedigung. Die Sehnsucht nach dem Leben bleibt solange ungestillt, bis wir zurückkehren zu dem, der uns geschaffen hat.

Jedoch – einmal aus flachen Wassern getrunken und Befriedigung erfahren, meldet sich mit Macht jene triebgebundene Logik, die lieber den Spatz der Dinge in der Hand als die Taube des ewigen Lebens auf dem Dach haben möchte.

Unbemerkt ist etwas geschehen. Neben unserer absoluten Sehnsucht, die auf ewiges Leben zielt, meldet sich vordergründig anderes. Es ist der auf dem Boden der Triebe geweckte Instinkt, der das Rufen der Sehnsucht überschreit. Es ist der Lebensinstinkt, der Witterung aufnimmt, wo immer es nach Leben „riecht". Er führt jedoch nur zu den Dingen, die vom Leben lediglich den Geruch, die Illusion vermitteln. Mit Erfolg durcheinandergebracht, halten wir die Illusionen für das wirkliche Leben – und das wirkliche Leben für Illusion. Aus Licht wurde Finsternis, aus Finsternis Licht. So sehr geriet unsere Sehnsucht nach dem Leben unter die Räder. Der Mensch wird nicht mehr durch die Ewigkeit gehalten, er wird durch das Vergängliche hingehalten. Er steht nur noch vor den Dingen und kommt über sie nicht hinaus. Die ursprüngliche Sehnsucht aber sollte zu dem führen, von dem die Dinge sind.

Gerade vor ihm aber zuckt der Instinkt zurück. Es meldet sich im Bereich des Triebes der Verdacht, dass durch Gott die Befriedigung bedroht sei. Das ist die dämonisierte Lüge, die dem modernen Menschen weismacht, dass der Glaube an den Ewigen mit dem Verlust des Lebens zu bezahlen sei. Das Gegenteil ist der Fall: „Wer den Sohn hat, *hat* das Leben; wer den Sohn Gottes nicht hat, der hat das Leben nicht."

Machtauseinandersetzung ist die verborgene Wirklichkeit, von der der natürliche, ahnungslose Massenmensch unserer Zeit nichts mehr weiß. Glauben an Gott ist nicht nur ein subjektives Für-wahr-Halten von geistlichen Dingen. Im Glauben wird eine Machtfrage geklärt.

3. „VERKAUFE ALLES!"

Wir sind vor ein Entweder-Oder gestellt, wenn wir es mit Gott zu tun bekommen. Eine bekannte Begebenheit aus dem Neuen Testament macht das deutlich.

„Als Jesus sich wieder auf den Weg machte, kam ein Mann angelaufen, warf sich vor ihm auf die Knie und fragte: ‚Guter Meister, was muss ich tun, um das ewige Leben zu bekommen?‘

‚Warum nennst du mich gut?‘, entgegnete Jesus. ‚Gut ist nur Gott, sonst niemand. Du kennst doch die Gebote: „Du sollst keinen Mord begehen, du sollst nicht die Ehe brechen, du sollst nicht stehlen, du sollst keine falschen Aussagen machen, du sollst niemand um das Seine bringen, ehre deinen Vater und deine Mutter!“ ‘

‚Meister‘, erwiderte der Mann, ‚alle diese Gebote habe ich von Jugend an befolgt.‘

Jesus sah ihn voller Liebe an. Er sagte zu ihm: ‚Eines fehlt dir noch: Geh, verkaufe alles, was du hast, und gib den Erlös den Armen, und du wirst einen Schatz im Himmel haben. Und dann komm und folge mir nach!‘

Der Mann war tief betroffen, als er das hörte, und ging traurig weg, denn er hatte ein großes Vermögen“ (Markus 10,17-22).

„Da kam ein Mann angelaufen.“ Woher kam er? Man weiß es nicht. Er taucht aus dem Dunkel auf, aus dem Nebel der Geschichte. Unvermittelt steht er vor Gottes Sohn und ahnt nicht, dass durch die Jahrhunderte hindurch ungezählte Augen auf ihn blicken und Zeuge seiner Entscheidung werden.

Spannung liegt über dieser Begebenheit: ein Mensch vor Gottes Sohn. Nun geht es ums Ganze. Wird er es wagen, sein Leben an den zu hängen, der das Leben selbst ist? Immer da, wo ein Mensch zum ersten Mal ernsthaft vor Jesus gestellt ist, geht es um diese Spannung, um diese glühendheiße Frage. (Auch beim Lesen dieser Zeilen kann es darum gehen.)

Wird er es wagen, sein Leben an Jesus zu hängen?

Eigentlich hatte er eine Diskussion gesucht, der sympathische junge Mann. Er hatte eine wesentliche Frage. Über die hätte er gern mit jenem „guten Meister" geredet. Den Titel „guter Meister" aber lässt Jesus nicht auf sich anwenden. Er ist nicht der, mit dem sich angeregt diskutieren lässt, ohne dass sich danach für den Menschen etwas zu ändern braucht. Er stellt den jungen Mann vor den lebendigen Gott, indem er ihm Gottes Willen nennt. So ist es: Wer zu Jesus kommt, ist unmittelbar vor Gott gestellt. Bei Gott aber stehen wir vor dem Anruf, das Leben mit ihm zu wagen.

Zu dieser Entscheidung führt Jesus. Er packt also nicht die Frage an, sondern den Fragenden; nicht das Problem des jungen Mannes berührt er, sondern den jungen Mann.

Jesus geht auf den springenden Punkt im Leben dieses Jünglings ein: „Verkaufe alles, was du hast!" Er hatte viel: fromme Leistungen und viele Güter. Trotz seiner Frömmigkeit aber war für ihn Gott nicht Gott. An der ersten Stelle standen seine Güter. Sie waren sein Gott. *Hier* lag sein wunder Punkt. Wo liegt der unsere?

Jeder Mensch hat den Punkt, der ihn daran hindern will, *zu Gott* zu kommen, und der ihn darum in die Diskussion *über Gott* treibt. Mit der Diskussion aber ist es vorbei, wenn der Mensch vor Jesus steht. „Verkaufe alles, was du hast, und komm und folge mir nach!" Das ruft zur Entscheidung. Ein anderes Mal sagt Jesus: „Denn wer sein Leben retten will, wird es verlieren; wer aber sein Leben um meinetwillen verliert, wird es finden" (Matthäus 16,25).

Unversehens sind wir an unserem heikelsten Punkt getroffen. Hier geht es uns an den Nerv. Unsere empfindlichste Stelle ist bloßgelegt und berührt. Wir wollen unser Leben unter allen Umständen erhalten – und nun sollen wir es verlieren?

So kommen unsere Ausflüchte, unsere Windungen und Wendungen: „Hat Jesus überhaupt gelebt? Wer beweist mir, dass er da ist? Andere Religionen haben auch ihren Gott. Meinen Gott finde ich in der Natur." – Bleiben uns unsere Worte nicht im Halse stecken? Wollen wir im Ernst mit solchen Ausreden leben? Wollen wir im Ernst mit ihnen ins Grab gelegt werden?

Natürlich können wir uns hinter unseren Vorbehalten vor dem Evangelium verbergen. Wir können es tun, um einen hohen Preis: „Jesus sah ihn voller Liebe an."

In diesem Satz liegt das Evangelium. Hier wird der Mensch von Ewigkeit her geliebt. Das aber ist der Preis, um den wir uns gegen das Evangelium verwahren können: die unwandelbare Liebe Gottes. Der Preis ist zu hoch. Was haben wir zu verlieren, was wir nicht sowieso einmal loslassen müssen? Es ist nur eine Frage der Zeit. Wir haben nichts zu verlieren – aber eine Ewigkeit zu gewinnen.

„Jesus sah ihn voller Liebe an." Wollen wir auf Gottes Liebe verzichten? Warum sträuben wir uns, Jesus den ersten Platz in unserem Leben einzuräumen, uns seiner guten Führung zu unterstellen? Wem wollen wir uns sonst unterwerfen? Unseren Wünschen? Unserem Ich? Spüren wir nicht, dass da längst jene andere Hand nach uns gegriffen hat, die uns mit Befriedigung ködert, bis wir zur Hölle fahren?

„Jesus sah ihn voller Liebe an." Danach erst sagt er das andere: „Geh, verkaufe alles, was du hast, und ... dann komm und folge mir nach!" Wer nicht bereit ist, für Jesus alles stehen und liegen zu lassen, wenn er es verlangt, der kann das Reich Gottes nicht sehen. Jeder muss verkaufen, wenn er zu Jesus kommt. Was denn? Sich selbst!

„Verkaufe alles, was du hast!" Das ist der erregende Anspruch Gottes. Er ist wie Dynamit, das eine Festung sprengt. Es ist möglich, dass kein Stein in unserem Leben auf dem anderen bleibt, wenn wir erfahren, wer Jesus ist. Natürlich zwingt er sich uns nicht auf. Er klopft nur an. Aber lassen wir uns ernsthaft auf Jesus Christus ein, so werden wir erleben, wie er die sichere Festung unseres Ichs hochgehen lässt. Da zerbricht etwas in der Tiefe unserer Existenz, wenn wir es mit ihm zu tun bekommen. Da fallen die Säulen um, auf die wir unser bisheriges Leben gestützt haben.

Vielleicht haben wir uns bisher auf unseren jugendlichen Elan verlassen. Vielleicht haben wir auf die Kraft unserer Arme gebaut, auf das Geschick unserer Hände, auf die Klarheit unseres Verstandes. Vielleicht beruhigt uns eine hohe Versicherung, die wir abgeschlossen haben. Vielleicht sind wir vermögend und haben ein Konto in der Schweiz. Vielleicht haben wir eine gute, tüchtige Frau, die das Glück unseres Lebens begründet, oder einen guten Mann. Vielleicht sind es unsere Kinder, auf denen die Hoffnung für unsere Zukunft liegt. Das mag alles sein, und es sind ja auch gute Dinge.

Aber wenn Jesus Christus unser Leben besetzt, dann wissen wir, dass all das unser Leben nicht trägt.

Diese Dinge müssen und dürfen sein, aber *sie dürfen nicht unsere Säulen sein.* Es geht darum, dass unser Leben von den Säulen der Ewigkeit getragen wird und nicht von den zerbrechlichen Stützen des Augenblicks.

„Worauf hast du dein Leben gebaut?" Mit dieser Frage stürmt Jesus Christus die Festung unseres Lebens. Wann werden wir endlich kapitulieren, wann wird er unser Herr?

Es zerbricht etwas in der Tiefe unserer Existenz, wenn wir es mit Gott zu tun kriegen. Aber gerade durch diesen Zerbruch, den der Mensch an sich selbst erlebt, schreitet Jesus als der Lebendige in das Leben. Mit ihm zieht Gelassenheit ein, dort, wo wir sonst sehr nervös waren, z. B. im Blick auf unser Geld. Es zieht Liebe ein, dort, wo wir sonst hart und kalt waren. Es zieht Ruhe ein, dort, wo wir sonst unruhig waren. Es zieht Frieden ein, dort, wo sonst Unzufriedenheit herrschte. Vor allem aber: Es zieht die Ewigkeit selbst ein. Aus dem Menschen, der Jesus hat hineinkommen lassen in sein Leben, wird ein ganzer, ein heiler, ein vollmächtiger Mensch – nicht fehlerlos, nicht sündlos, aber doch zutiefst gehalten.

Darum geht es in der Geschichte des jungen Mannes, der vor Jesus steht. Darum geht es bis heute in der Begegnung mit Jesus.

„Der Mann war tief betroffen, als er das hörte, und ging traurig weg, denn er hatte ein großes Vermögen."

Er ging traurig davon. Wir haben von ihm keine weitere Kunde. Niemand weiß, wer er war und wie er hieß. Sein Name wird in der Bibel nicht genannt.

Er ging traurig zurück in das Dunkel, um nie mehr aufzutauchen im Licht.

So versinkt Mensch um Mensch im Dunkel und Nebel der Geschichte. Dumpf brüten sie dahin – erdverbunden und ahnungslos. Das ist die Situation derer, die, von Jesus angesprochen, ihr Leben nicht auf ihn gewagt haben: Sie leben im Nebel und sie sterben im Nebel. Sie werden dort geboren und gesäugt. Sie richten sich im Nebel ein und haben sich schnell daran gewöhnt. Sie kümmern sich um das Banale, das Nebelhafte, kriechen zu Kreuze vor den Meinungen der Leute und merken nicht, dass sie wie nebenbei ihre Ewigkeit verspielen.

Er ging traurig davon. Er ging zurück in den Nebel, hinein in das Dunkel der Geschichte. Warum? Er hatte ein Irrlicht im Nebel: viele Güter. Er wollte das Irrlicht gewinnen und verlor das Licht.

Traurig ging er davon. Der Mensch im Nebel wird nie mehr richtig froh, wenn er vom Licht weiß. In den Räumen seiner selbst gemachten Freude, die der Mensch im Nebel durchschreitet, kauert die Trauer in den Winkeln wie ein Gespenst. Er wird sie nicht mehr los.

„Freut euch vielmehr, dass eure Namen im Himmel aufgeschrieben sind!" (Lukas 10,20). So lautet ein Satz Jesu an seine Jünger. Wäre der reiche Jüngling bei Jesus geblieben, wäre er ihm gefolgt, so hätte auch ihm diese Zusage gegolten. Er hätte bei Gott einen Namen gehabt. Aber nun ist er untergetaucht in das Heer der Namenlosen. Das Dunkel hat ihn fest umschlossen. Es gibt ihn nicht mehr heraus.

Vielleicht hat sich dieser vor Gott Namenlose vor den Menschen einen Namen gemacht. Vielleicht gehört er zu den Großen der Antike, deren Gedanken Jahrhunderte überdauern. Das mag sein. Dennoch wäre es zu wenig, wenn Gott nicht seiner gedächte. Wem hilft schließlich ein großer Name bei den Menschen, wenn er bei Gott keinen Namen hat?

Das war die Episode vom reichen Jüngling. Mehr als eine Episode: eine Begegnung des Menschen mit seinem Gott, geschichtsträchtig, die Zeit durchlaufend. Die Begegnung findet weiterhin statt. Das Wort Gottes geht durch diese Welt. Gott selbst ist darin. Das Wort trifft noch immer auf den Menschen. Es wird so sein, solange es uns gibt.

4. PLUS UND MINUS

Heute sind *wir* gefragt. Das Meer der Geschichte hat uns aus seiner Tiefe hochgespült. Jetzt leben wir eine kleine Weile auf der Welle der Zeit und werden von Gottes Anruf erreicht. Nun geht es unausweichlich um uns. Ohne uns finden zu lassen, ohne uns dem Anruf zu stellen und für Jesus zu entscheiden, ist unsere Rettung nicht möglich. Gottes Wort und unsere Antwort gehören zusammen. Sein Rufen will von uns gehört und beantwortet werden. Dazu ein Beispiel:

Drei Bergsteiger waren beim Klettern in ein Unwetter geraten. Es regnete stundenlang. Die erschöpften Männer kamen nicht weiter. Zu allem Unglück verletzte sich einer von ihnen. Was sollten sie tun? Sie fanden eine Gletscherspalte, in die sie sich wie in eine Höhle zurückziehen konnten. Hier waren sie einigermaßen windgeschützt.

Die Nacht brach herein. Schlafen konnte keiner. Als der Morgen kam, verschlechterte sich das Wetter. An Aufbruch war nicht zu denken. So kam die zweite Nacht. Es war zum Verzweifeln. Plötzlich hörten sie ein leises, fernes Rufen:

„Wo seid ihr? Gebt Antwort! Wir suchen euch!"

Aufgeregt verließen unsere drei Männer ihre Gletscherspalte. Der Sturm peitschte Regen in ihre Gesichter. Doch darauf achteten sie nicht. Sie kamen bald um vor Freude. Die Bergwacht im Tal hatte sich aufgemacht, um sie zu suchen.

Aus Leibeskräften schrien sie: „Wir sind hier! Wir sind hier!"

Bald aber merkten sie, dass ihre Schreie in Sturm und Regen wirkungslos verhallten. Da ertönte wieder das ferne Rufen durch die Lautsprecher der Bergwacht: „Wo seid ihr? Wir suchen euch. Gebt Antwort! Zündet ein Feuer an!"

Die drei Verzweifelten tränkten eine Decke mit Spiritus, steckten sie an und schwenkten sie hin und her. Es ging um Leben und Tod. Endlich kam der Ruf: „Wir sehen euch. Haltet aus! Wir kommen."

Nach ein paar Stunden waren die Männer gerettet – und warum? Weil da welche losgezogen waren, um sie zu suchen, ohne Zweifel. Aber alles Rufen und Suchen der Bergwacht wäre vergeblich gewesen, wenn die drei keine Antwort gegeben hätten. Rufen und Antwort-Geben mussten zusammenkommen.

Genauso verhält es sich mit dem Anruf Gottes. In Jesus Christus sind wir von Gott her angerufen. Es geht um ewiges Leben oder ewiges Verlorensein. Wir müssen aus den Winkeln unserer Sicherheit und

Sattheit, unserer Angst und unseres Unglaubens heraustreten und Antwort geben. Wer allerdings seine abgesicherten Winkel dem Abenteuer des Glaubens vorzieht, der wird das Leben nicht erleben.

Eine Skizze mag uns helfen, die Situation, um die es sich handelt, genau zu erkennen. Die Bibel spricht von zwei Machtbereichen, in denen sich unser Leben abspielt. „Er hat uns gerettet aus der *Macht der Finsternis* und versetzt in das *Reich des Sohnes seiner Liebe*", sagt Paulus im Brief an die Kolosser (Kapitel 1, Vers 13). Vom Machtbereich der Finsternis ist hier die Rede, dem der Machtbereich des Sohnes Gottes gegenübersteht. Einen dritten Bereich, auf den wir uns wie neutrale Beobachter zurückziehen könnten, gibt es nicht.

Sünde besteht also nicht lediglich aus irgendwelchen einzelnen Taten, die „man" nicht tut. Die Sünde ist nach dem Neuen Testament in erster Linie eine objektive Macht, an die die Menschheit versklavt ist. *Sünde ist keine Eigenschaft, sondern eine Gefangenschaft.*

Demgegenüber ist Glaube nicht nur eine subjektive Gläubigkeit des Menschen, ein Für-wahr-Halten des Evangeliums allein. Glaube bedeutet, „in Christus" zu sein, seiner Macht unterstellt zu sein und ewiges Leben zu haben.

Diese beiden Machtbereiche, in denen die Menschen leben, kennzeichnen wir in unserer Skizze durch entsprechende Vorzeichen. Der Machtbereich der Sünde steht unter dem Vorzeichen Minus (–), der Machtbereich Jesu unter dem Vorzeichen Plus (+).

In dem Machtbereich unter dem Vorzeichen Minus gibt es durchaus Anerkennenswertes. Da ist oft viel Anständigkeit, Religiosität, christliche Mühe, Nächstenliebe und Mitmenschlichkeit. Diese Dinge bezeichnen wir, weil sie positiv sind, mit einem kleinen Plus.

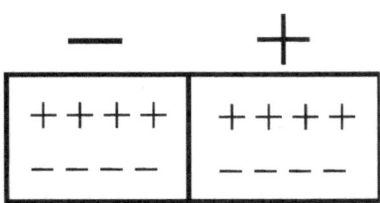

Bitte nicht übersehen: Es ist Plus unter dem großen Vorzeichen Minus. Andererseits ist all das in dieses Feld einzuzeichnen, was an Elend und persönlicher Schuld auf den Menschen lastet. Das bezeichnet das kleine Minus (–)

Nach biblischem Urteil steht unsere Welt unter dem großen Minus. Dahinein sind wir geboren. Da lebt der natürliche Mensch mit all dem Guten, das er aufzuweisen hat (+), und all dem, was ihn an Sünden belastet (–). Die Frage, wie es dazu gekommen ist, beantwortet die Bibel mit dem Hinweis auf den Sündenfall, jener Entscheidung des Menschen zum Ungehorsam gegenüber dem lebendigen Gott. Die direkte Folge dieses Abfalls von Gott ist die Vertreibung des Menschen aus der Nähe und dem Machtbereich Gottes (Paradies) in die Macht der Sünde. Hier nun lebt der „gefallene" Mensch mit seiner Sehnsucht, mit seinen religiösen Bemühungen, aus eigener Kraft wieder zu Gott zurückzukommen. Hier treibt ihn auch der religiöse Impuls, das verlorene Paradies aus eigener Kraft zurückzuerwerben.

Ob religiös oder säkularisiert – eine Illusion hat sich der Mensch erhalten. Er meint, er könne von sich aus zu Gott zurückkehren bzw. den paradiesischen Zustand auf Erden selbst wiederherstellen. Diese Illusion auf den Wellen menschlicher Selbstüberschätzung getragen ist das große Hindernis – auch für den religiösen Menschen –, zu Gott zu kommen.

Es gibt nur *eine* Tür, die in den Machtbereich Gottes zurückführt, und die heißt Jesus Christus und nicht menschliche Mühe. Das Seligwerden ist nicht möglich im Namen des Menschen, sei er religiös oder säkularisiert. Durch Jesus Christus haben wir Zugang zu der Gnade, Zugang zu dem Machtbereich unter dem großen Plus.

Angesichts der beiden Machtbereiche kommt auf jeden, der davon erfährt, eine große Frage zu. Der Leser, die Leserin möge sie sich an dieser Stelle zumuten lassen. Die Frage heißt: „Wo stehe ich eigentlich – unter dem großen Minus oder unter dem großen Plus?"

Wenn jemand erkennt, dass er unter dem Minus ist, dann steht er vor dem Anruf Jesu.

Unter dem Plus befindet sich der, der sich hat versetzen lassen vom Machtbereich der Finsternis in den Machbereich des Gottessohnes, der sich hat schenken lassen, was ihm in seiner Taufe zugesprochen wurde, kurz, der bekennen kann: „Jesus Christus ist mein Herr!"

Wie geschieht das? Wie können wir uns vom Minus in das Plus versetzen lassen?

Dieses Geheimnis, durch das ein Mensch aus dem Tode zum Leben hindurchdringt, das die Bibel Wiedergeburt nennt, ist Gottes eigenes Werk. Weil Gott hier der eigentlich Handelnde ist, der Mensch nur der Sich-Hingebende, darum liegt das Geheimnis für den Menschen in der Einfachheit.

Es ist wiederholt bezeugt, dass Jesus Kindern in besonderer Weise das Himmelreich zugesprochen hat. Es muss also wohl für ein Kind möglich sein, zu Jesus zu kommen. So ist es auch! Ein Kind begreift keine schwierigen theologischen Gedankengänge. Aber es begreift den Satz: Jesus hat dich lieb! Das lässt es gelten, und dadurch empfängt es. Das Geheimnis der Wiedergeburt, das den Menschen zur Umkehr ruft, liegt in ihrer Einfachheit und nicht in ihrer Kompliziertheit. Aber gerade hier beginnt unser Problem. Wir können nicht mehr einfach sein. Es fällt uns über die Maßen schwer. Die Sünde hat uns kompliziert gemacht.

Gott hat es so gewollt: Für gelehrte Menschen gibt es keinen anderen Weg als für ein kleines Kind. Ein Kind kann vor Gott kein gelehrter Mann werden, aber ein gelehrter Mann vor Gott ein Kind. Gott hat es den Kindern ermöglicht, zu ihm zu kommen. Darum müssen die Großen und Hohen so werden wie sie. Sie müssen niedrig werden und einfach dazu.

Wenn jemand erkennt, dass er unter dem Minus steht, aber unter das Plus, also zu Jesus, kommen möchte, so kann er das tun, indem er es Jesus im *Gebet* sagt. In einem kurzen, schlichten Gebet kann die ganze Ewigkeit eines Menschen beschlossen sein. Es ist wie bei einer Eheschließung vor dem

Standesbeamten. Durch ein klar ausgesprochenes „Ja" zweier Personen wird der Bund der Ehe geschlossen. Am Kreuz auf Golgatha hat Jesus sein großes „Ja" zu allen Menschen gesagt. Dieses „Ja" steht nun im Raum unseres Lebens und wartet darauf, dass unser „Ja" dazukommt, damit der ewige Bund geschlossen wird. Gott drängt sich niemandem auf. Er sagt zu uns „ja", wartet aber darauf, dass auch wir „ja" sagen.

Das Neue Testament spricht davon, *Christus aufzunehmen* bzw. *anzunehmen.* Luther bezieht sich offensichtlich darauf, wenn er sagt: „Das Hauptstück und der Grund des Evangeliums ist, dass du Christus aufnehmest und erkennest als eine Gabe und ein Geschenk, das dir von Gott gegeben und dein eigen sei ... Das ist das Feuer der Liebe Gottes zu uns, davon werden Herz und Gewissen froh, gewiss und zufrieden" (Kirchenpostille von 1522).

In einem Gebet können wir Christus aufnehmen, ihm unser „Ja!" sagen. Was sollen wir da beten?

Wenn es dafür auch keine Regel gibt, sondern jeder, so wie er es Gott sagt, von Gott ernst genommen und angenommen ist, so seien als Hilfe doch folgende drei Punkte genannt, die in solch einem Gebet vorkommen sollten:

1. Danke, Herr, dass du mich liebst! Am Kreuz bist du für mich gestorben!
2. Vergib mir meine Schuld! Ich übergebe dir mein schuldbeladenes Leben. Komm in mein Leben hinein.
3. Danke, dass ich dir auf ewig gehöre.

So einfach ist das? Ja, so einfach ist das. Wer zu Jesus kommt, darf wissen, dass ihm die Zusage Jesu gilt: „Wer zu mir kommt, den werde ich nicht hinausweisen" (Johannes 6,37) Das ist Glauben nach dem Neuen Testament: sich dem Sohn Gottes anvertrauen, eine persönliche Beziehung zu ihm haben und sein Leben unter seiner Herrschaft führen. Vielen ist es eine Hilfe, dieses *Christus-Aufnehmen* in der Gegenwart eines Seelsorgers zu vollziehen. Andere, deren Leben durch Schuld besonders belastet ist, sollen diese Last in einem persönlichen Bekenntnis aussprechen und damit an Jesus Christus ausliefern. Im Zuspruch der Vergebung erfahren sie Befreiung, die oft bis ins Körperliche hinein wohltuende Wirkung hat.

Neben dem bewussten „Schritt über die Linie" gibt es auch ein unbewusstes Hineinwachsen in den Glauben. Dabei fasst der Mensch schrittweise immer mehr Vertrauen zu Jesus Christus. Entscheidend ist, dass er eines Tages bekennen kann: „Jesus Christus hat mir meine Sünden vergeben und ist mein Herr."

5. GEWISSHEIT

Es gibt Menschen, die Jesus empfangen haben und nun auf Erlebnisse und Gefühle warten, die sich nach ihrer Meinung einzustellen hätten. Hierzu noch ein Wort:

Religiöse Gefühle bei der Umkehr zu Jesus sind schön, aber nicht entscheidend. Die Frage des Gefühls ist keine geistliche Frage. Sie gehört in den Bereich der menschlichen Natur. Wer religiöse Gefühle hat, freue sich. Wer sie nicht besitzt, trauere ihnen nicht nach. Beim Jawort vor dem Standesbeamten wird auch niemand nach seinem Gefühl gefragt, sondern nach seinem willentlichen „Ja".

Der, dessen Leben nun Jesus gehört, kann und darf die Gewissheit ewigen Lebens haben. Das macht froh. Also doch Gefühl? Natürlich! Wir bestehen nicht aus kaltem Eisen. Es ist schön, durch Gottes Gnade unter dem großen Plus zu stehen.

Ein besonderer Schachzug des Teufels besteht allerdings darin, Menschen, die Jesus längst gehören, gerade darin ungewiss zu machen. Hierbei bedient er sich gern frommer Argumente, z. B.: „Du hast wieder viel falsch gemacht. Für Jesus bist du nicht gut genug." Der Blick richtet sich da auf die eigenen Unzulänglichkeiten, das sind in unserer Skizze die kleinen Minusstriche unter dem großen Plus. Unbemerkt verwechseln wir das kleine Minus mit dem großen. Auf diese Weise fühlen wir uns zwischen den beiden Machtbereichen hin- und hergerissen. Aus der Verwechslung „kleines Minus – großes Minus" kommt die Ungewissheit. Das ist ein trostloser Glaube.

Jesu Wort, um uns gewiss zu machen:

„Denn Gott hat der Welt seine Liebe dadurch gezeigt, dass er seinen einzigen Sohn für sie hergab, damit jeder, der an ihn glaubt, das ewige Leben hat und nicht verloren geht. ... Wer an den Sohn glaubt, *hat* das ewige Leben." (Johannes 3,16.36)

„Ich versichere euch: Wer auf mein Wort hört und dem glaubt, der mich gesandt hat, der *hat* das ewige Leben. Auf ihn kommt keine Verurteilung mehr zu; er hat den Schritt vom Tod ins Leben getan." (Johannes 5,24)

„Meine Schafe hören auf meine Stimme. Ich kenne sie, und sie folgen mir, und ich gebe ihnen das ewige Leben. Sie werden niemals verloren gehen, und *niemand wird sie aus meiner Hand reißen*. Mein Vater, der sie mir gegeben hat, ist größer als alles; niemand kann sie aus der Hand des Vaters reißen." (Johannes 10,27-29)

Paulus: „Ja, ich bin überzeugt, dass weder Tod noch Leben, weder Engel noch unsichtbare Mächte, weder Gegenwärtiges noch Zukünftiges, noch gottfeindliche Kräfte, weder Hohes noch Tiefes, noch sonst irgendetwas in der ganzen Schöpfung uns je von der Liebe Gottes trennen kann, die uns geschenkt ist in Jesus Christus, unserem Herrn." (Römer 8,38-39)

„Und doch hebt unsere Untreue seine Treue nicht auf, denn er kann sich selbst nicht untreu werden." (2. Timotheus 2,13)

Mag an diesen Aussagen unseres Herrn und seines Apostels herumdeuteln, wer will, wir nehmen sie wörtlich und freuen uns, dass wir nicht „vielleicht einmal" ewiges Leben bekommen, sondern dass wir es bereits haben.

Jemand sagte mir, es sei Hochmut und Gotteslästerung, wenn einer meint, er habe das ewige Leben. Genau das Gegenteil ist der Fall! Es ist Demut und höchstes Lob Gottes auf Erden, wenn jemand bekennt, dass er ewiges Leben hat. Gerade darum geht es doch im Evangelium! Darum kam doch Gottes Sohn in die Welt, damit alle, die an ihn glauben, nicht verloren gehen, sondern ewiges Leben haben (Johannes 3,16). Wenn Gott etwas schenkt, kann ich das nicht auch annehmen, dafür danken und damit leben?

Hochmut ist diese Gewissheit darum nicht, weil sie ja nicht auf die eigene Qualität hinweist, sondern auf die Qualität Jesu. Nur der, der alle Illusionen über sich selbst verloren hat, wird alles nur noch von Gott erwarten. Nicht mein Glaube macht mich gewiss, sondern seine Treue! Nicht meine nach Gott ausgestreckte Hand macht mich gewiss, sondern seine Hand, die mich hält. Nicht meine Nachfolge macht mich gewiss, sondern dass er mich angenommen hat. Nicht meine gläubigen Gedanken machen mich gewiss, sondern sein Wort!

Aber wenn ich nun wieder sündige, bin ich dann nicht wieder unter das große Minus geraten? Ist dann das ewige Leben nicht schon wieder verspielt? An dieser Stelle möchte ich Wilhelm Busch zu Wort kommen lassen, den bekannten Jugendpastor und Evangelisten. Er schreibt in seinem Buch „Jesus, unser Schicksal"[12]:

„Meinen Sie, Heilsgewissheit könnte man erst haben, wenn man sündlos sei? Dann müssen Sie bis auf den Himmel warten! Ich brauche bis zum letzten Tag, ja, bis zum letzten Atemzug meines Lebens das Blut Jesu zur Vergebung der Sünden!

Sie kennen die Geschichte vom verlorenen Sohn. Der kam nach Hause und sagte: Ich habe gesündigt! Und da nimmt der Vater ihn auf, und es wird ein Freudenfest gefeiert. Und jetzt male ich mir mal Folgendes aus: Am nächsten Morgen schmeißt der Sohn aus Versehen eine Kaffeetasse auf den Boden. Er war einen gedeckten Tisch nicht mehr gewöhnt

12 Gladbeck 1967, Seite 196-197.

von seinen Schweinen her. Er wirft also die Kaffeetasse aus Versehen runter. Und als die klirrend zerbricht, da schimpft er: Verflucht noch mal! Wirft der Vater ihn jetzt raus: Marsch, zurück zu den Schweinen!? Glauben Sie das? Nein! Sondern der Vater sagt: Angenommen ist angenommen! Er erklärt wohl: Mein Sohn, das wollen wir nicht tun. Wir wollen jetzt mal darum ringen, dass du Kaffeetassen stehen lässt und nicht fluchst und dich allmählich an die Sitten des Hauses gewöhnst! – Aber er schickt ihn nicht zurück zu den Schweinen. Und sehen Sie: Wenn ein Mensch sich Jesus zu eigen gibt, dann macht er die schreckliche Entdeckung: Die alte Natur ist noch da! Und es gibt noch Niederlagen! Aber wenn Sie nach Ihrer Bekehrung eine Niederlage erleben, dann verzweifeln Sie nicht gleich, sondern fallen Sie auf die Knie und beten Sie drei Sätze. Erstens: Ich danke dir, Herr, dass ich dir immer noch gehöre! Zweitens: Vergib mir durch dein Blut! Und drittens: Mache mich frei von meiner alten Natur! Aber erstens: Ich danke dir, Herr, dass ich dir immer noch gehöre!

Verstehen Sie: Gewissheit des Heils besteht darin, dass ich weiß: Ich bin nach Hause gekommen und führe jetzt den Kampf der Heiligung als einer, der nach Hause gekommen ist, und nicht als einer, der immer wieder rein- und rausfliegt. Wenn man predigt: Man muss das Heil jeden Tag neu ergreifen! – dann ist das eine grauenvolle Predigt. Meine Kinder brauchen nicht jeden Morgen bei mir anzutreten und zu fragen: „Papa, dürfen wir heute wieder deine Kinder sein?" Die sind meine Kinder! Und wer ein Kind

Gottes geworden ist, der führt seinen Kampf um Heiligung jetzt als Kind Gottes!

Und nun wünsche ich Ihnen von ganzen Herzen die strahlende Gewissheit der Kinder Gottes!" Soweit Pastor Busch.

Wenn wir in der Hand Jesu stehen, dann können wir wohl noch fallen. Wir fallen aber nicht *aus* seiner Hand, sondern *in* seine Hand. „Niemand kann sie aus der Hand des Vaters reißen!" Das gilt, weil er es gesagt hat.

6. ERSTE SCHRITTE

Ist jemand aus dem Machtbereich der Finsternis in den Machtbereich des Sohnes Gottes versetzt worden, so spricht das Neue Testament von der „Wiedergeburt", die sich an ihm vollzogen hat. Der verlorene natürliche Mensch ist wiedergeboren zum ewigen Leben. Dieses neue geistliche Leben ist nun da. Es hat gerade erst begonnen. Wie das natürliche Leben ein reifendes und wachsendes ist, so ist es auch mit dem geistlichen Leben, es soll wachsen und reifen. Ein Säugling ist – eben weil er lebt – genauso Mensch wie ein ausgewachsener Mann oder eine ausgewachsene Frau. Nun darf allerdings der Säugling nicht Säugling bleiben. Er muss heranwachsen zur vollen Mannes- oder Frauengröße.

„… dass wir alle in unserem Glauben und in unserer Kenntnis von Gottes Sohn zur vollen Einheit gelangen und dass wir eine Reife erreichen … " (Epheser 4,13)

Wie sieht dieses „Wachsen im Glauben", dieses „Heranreifen" aus? Es ist ein Weg, auf dem wir in diesem Leben nicht zu Ende kommen. Dieser Weg ist aufregend und schön, frohmachend und leidvoll, demütigend und erhebend zugleich. Es ist der Weg, auf dem der Christ selbst immer „kleiner" wird, sein Herr in ihm aber immer größer.

Einige Grundvoraussetzungen für die „ersten Schritte" im Glauben seien hier genannt:

Da ist zunächst das *Lesen der Bibel*. Gottes Wort ist für Christen die Quelle der Kraft. Es ist das Brot, das sie geistlich ernährt. Hier beziehen sie ihre Maßstäbe, die ihnen den Vollzug des geistlichen Lebens ermöglichen. In seinem Wort will der Herr an uns arbeiten, also müssen wir uns ihm aussetzen. Viele Christen haben es sich zur Regel gemacht, täglich nach einem Bibelleseplan einen Abschnitt der Bibel zu lesen. Die Regelmäßigkeit „zahlt sich aus". Der, der es ermöglichen kann, sollte es tun. Bibellesen ist Arbeit. Es ist nicht zu vergleichen mit dem Lesen der Zeitung oder eines Romans. Dafür ist in der Bibel auf engstem Raum zu viel geistliche Energie zusammengeballt. Wir müssen oft lange über einen Satz nachsinnen, um in die Tiefe zu gelangen.

Ist das Bibellesen das geistliche Brot, das den Christen ernährt, so ist das Gebet die „frische Luft", die er benötigt. „Das Beten ist das Atemholen der Seele", hat mal jemand gesagt. In einer Welt, die uns durch viel Unruhe äußerer und innerer Art den Atem raubt, brauchen wir Stille und in der Stille Gebet. Gebet besteht darum auch nicht darin, dass wir uns vor Gott mit vielen Worten zur Sprache bringen, sondern dass wir ihn in der Stille zu uns reden lassen. Das Geheimnis gesegneter Menschen im Reich Gottes war, dass sie Beter waren. Im Gebet drückt sich etwas von der Kindeshaltung aus, die ein Christ seinem Herrn gegenüber einnimmt. Die einzige Voraussetzung zum Beten ist darum unsere „Hilflosigkeit". Es ist nicht Hilflosigkeit vor den Menschen gemeint, sondern vor Gott. Das Kind, das nichts hat und nichts kann, läuft zum Vater, der alles hat und alles kann. Wir können im Gebet unserem Herrn alles sagen, was uns bewegt an Anbetung, Dank, Bitte und Fürbitte, dem Gebet für andere Menschen. Es geht beim Beten nicht in erster Linie darum, dass wir von Gott etwas bekommen. Es geht darum, dass wir in Verbindung leben mit unserem Herrn.

Zum Gebet gehört die Vergebung. Es gibt keinen Christen, der nicht täglich schuldig wird. Schuld aber ist Last, die niederdrückt. Wir können im Glauben nur froh leben, wenn das Gewissen befreit atmen kann. Traurige Christen können nur schwer anderen Menschen den Glauben an die Liebe Gottes einsichtig machen. Jesus hat den Preis für unsere Sünde bezahlt; das ist einmalig und unumkehrbar. Doch wenn wir sündigen, ist es wichtig, dass wir Gott täglich um Vergebung bitten, damit die Beziehung zu unserem Herrn ungetrübt sein kann. Er hat versprochen, dieses Gebet zu erhören, und das richtet gefallene Menschen wieder auf. Die Last ist weg. Wir werden unseres Glaubens froh und haben Vollmacht, anderen Menschen ein Hinweis auf Gott zu sein. Ist die Schuld so schwer, dass in der persönlichen Bitte um Vergebung die innere Unruhe bleibt, so sollte die Hilfe eines Seelsorgers in Anspruch genommen werden. Solch ein Seelsorger kann uns jeder Christ sein, der selbst von der Vergebung lebt und eine im Glauben gereifte

Persönlichkeit ist. Das persönliche Bekennen seiner Schuld vor einem Zeugen kann befreiend sein, denn was ans Licht gebracht ist, verliert seine Macht. Der Zuspruch der Vergebung durch eine andere Person (z. B. einen Seelsorger) ist für die Vergebung zwar nicht notwendig, hilft einem niedergedrückten Christen jedoch, sich dessen wieder bewusst zu werden.

Durch den Hinweis auf die eventuelle Hilfe eines Seelsorgers ist schon angedeutet, dass Christen einander brauchen. Mit der Hinwendung zu Jesus Christus treten wir hinein in die Schar derer, die sich *Gemeinde* nennt. Die Gemeinschaft lebendiger Christen ist für das Wachstum des Glaubens notwendig. „Wenn ich als Einzelner vor Gott stehe, werde ich fähig gemacht zu wahrer Gemeinschaft", schreibt Hans Bürki.[13] Wir können und sollen nicht im Alleingang Christen sein, was ganz klar aus dem Neuen Testament hervorgeht. Wer Christ geworden ist, sollte nach einer Gemeinde Ausschau halten, in der er geistliche Heimat findet. Ohne Gemeinde wird der Einzelne innerlich verkümmern oder Irrtümern verfallen. Viele Christen finden sich auch zu Hauskreisen zusammen, wo miteinander die Bibel gelesen wird, wo sie beten, geistliche Fragen und Lebensfragen besprechen. Es versteht sich, dass solch ein Gemeindekreis dem Einzelnen auch menschlich entsprechen sollte. Das Neue Testament gebraucht das Bild vom Leib und seinen Gliedern, wenn es von der Gemeinde spricht. Jedes Glied (der Einzelne) braucht den Leib (die Gemeinde), und der Leib braucht jedes Glied (1. Korinther 12).

---

13 „Im Leben herrschen", Wuppertal 1960, Seite 126

Die Gemeinde führt ihr geistliches Leben nicht nur zum Selbstzweck. Sie weiß sich in den Dienst gestellt. Der einzelne Christ wird seine Umwelt entdecken als eine, die Christus braucht, in Wort und Tat. Die Sorge um unsere Familienangehörigen, unsere Freunde, Kollegen, Schulkameraden wird uns in Bewegung setzen. Wir sollen für sie beten und ihnen unseren Glauben bezeugen, d. h. sagen, was wir glauben, um sie zu Jesus Christus zu rufen. Das führt hinein in Auseinandersetzungen. Zu Anfang ist solche Auseinandersetzung nicht leicht und sollte darum nie durch einen falschen Eifer getragen sein. Wer anderen von Jesus Christus erzählt, darf dieses nur in einer großen Liebe und Barmherzigkeit tun. Es ist eine seltsame Erfahrung: Je mehr wir bereit sind, uns mit unserer kleinen Kraft in den Dienst Jesu Christi zu stellen, umso mehr werden wir selbst beschenkt. Der Dienst für unseren Herrn hat belebende Kraft.

Erste Schritte im Glauben sind zu vergleichen mit denen eines kleinen Kindes, das laufen lernt. Es steht noch unsicher auf den Beinen und fällt gelegentlich auf die Nase. Ein Kind lässt sich dennoch vom Laufenlernen nicht abbringen. So sollen auch wir durch Niederlagen im Glauben lernen und wachsen. Niederlagen und Enttäuschungen an uns selbst gehören mit in das Wachstum des Glaubens hinein. Im Glauben zuzunehmen bedeutet, dass wir selbst immer „kleiner" werden, Jesus Christus in uns aber immer größer!

Die genannten Auseinandersetzungen, in die Christen geführt werden, sind geistlicher und geistiger Art. In unserer Zeit, in der sich die Völker und

Kulturen geografisch näher gerückt sind, erfahren wir, wie Menschen in den fernsten Ländern leben und glauben. Es drängt sich die Frage nach anderen Religionen auf. Worin unterscheiden sie sich vom Evangelium? Viele stellen diese Frage mit der gleichzeitigen Forderung nach unbedingter Toleranz. Gehen wir diesen wichtigen Dingen auf den Grund.

VI. Religion und Evangelium

1. EINE REISE UM DIE WELT

Der Absolutheitsanspruch des Evangeliums wird oft als unannehmbar empfunden. Wie kann eine Religion eine ausschließliche Stellung unter den anderen beanspruchen?

Hier wird stillschweigend vorausgesetzt, dass Religion und Evangelium auf ein und derselben Ebene zu finden seien. Diese Meinung ist nach genauerer Prüfung der Dinge nicht zu halten.

Was ist Religion?

Ein Kenner der Weltreligionen erklärt: „Religion ist der im Denken, Fühlen, Wollen und Handeln betätigte Glaube an das Dasein übernatürlicher persönlicher oder unpersönlicher Mächte, von denen sich der Mensch abhängig fühlt, die er für sich zu gewinnen sucht oder zu denen er sich zu erheben trachtet."[14]

Es können hier nicht die einzelnen Religionen beschrieben werden. Ich möchte lediglich das Hauptmotiv der Religionen herausstellen, das in der eben genannten Definition anklingt. Demgegenüber möchte ich das Besondere des Evangeliums deutlich

---

14 Helmuth von Glasenapp, „Die nichtchristlichen Religionen", Seite 12

machen. Damit wir einen Eindruck vom Hauptmotiv der Religionen bekommen, begeben wir uns in Gedanken auf eine Reise um die Welt.

Unsere erste Station ist Istanbul, die größte Stadt in der Türkei. Sie ist das Tor zum europäischen Kontinent. Wir wundern uns über die überdimensionalen Moscheen, von denen es in dieser historischen Stadt mehrere gibt. Zunächst müssen wir unsere Schuhe ausziehen. Sobald wir das Innere der Moschee betreten, trauen wir unseren Augen nicht. Vor uns liegen Hunderte von Männern in tiefer Gebetshaltung auf den Knien. Sie erheben sich halb, murmeln etwas, verneigen sich wieder, stehen auf, um sich bald erneut in Richtung Mekka zu verbeugen. Es ist Freitag, der Sonntag der Muslime.

Ein seltsames Gefühl beschleicht uns: fremde Menschen mit einer uns fremden Kultur und einem fremden Glauben. Wie kommt es, dass sie sich zu Hunderten zusammengefunden haben? Auch die anderen Moscheen der Stadt sind von Männern überfüllt. Was treibt sie in ihre heiligen Häuser?

Fragten wir einen Muslim, er würde uns gern Rede und Antwort stehen. Er würde uns von einer Vielzahl von Vorschriften und Riten erzählen. Fünfmal am Tage muss er seine Gebete verrichten.

„Warum tut ihr das alles?", fragen wir.

„Es ist Allahs Wille."

„Warum will Allah das?"

„Wenn wir nach dem Tod über die Brücke des Gerichtes gehen, die so schmal ist wie ein Messer, dürfen wir nicht ausgleiten. Die Bösen, die Allahs Willen nicht befolgt haben, gleiten aus und fahren in die

Hölle. Die aber, die alle Vorschriften beachtet haben, die fünf Säulen unseres Islams, werden die Gunst Allahs erwerben. Sie gelangen über diese Brücke in das Paradies."

Wir begreifen, was die vielen Männer auf die Knie treibt. Sie haben Sehnsucht und Angst. Sie wollen Allah, ihren Gott, für sich gewinnen, sich in ihren religiösen Übungen zu ihm hin bewegen.

Mit großer Unbekümmertheit und ohne jede religiöse Scham betätigen sie ihren Glauben. Auf einer Bahnfahrt in Ägypten habe ich erlebt, wie ein Muslim vor meinen Augen auf seinem Sitz seine Gebete verrichtete, als gerade die Sonne unterging. Es störte ihn in keiner Weise, ein paar „ungläubige" Zuschauer in nächster Nähe zu haben. Wir können solche Unabhängigkeit zunächst einmal nur bewundern.

Unsere Reise geht weiter. Wir erreichen Jerusalem. Da sind die ehrwürdigen Stätten der Juden, der Christen und der Muslime. An der Klagemauer stehen orthodoxe Juden. Sie klagen Gott ihr Leid oder danken für die Bewahrung beim letzten Attentat der Hisbollah. Es bricht das Gebet der Hoffnung über ihre Lippen: „Sende uns den Messias, damit er das Reich des Friedens und der Gerechtigkeit aufrichte und im erneuerten Jerusalem als Heilskönig herrsche."

Wir sehen die frommen Juden ihre Gesetze erfüllen. Was steht dahinter? Sagen wir es mit den Worten eines Juden selbst: „Das Judentum bejaht das Leben, seine Großartigkeit, seine Reinheit, seine Bedeutung; es ist nicht – wie für die Christen – mit einem negativen Vorzeichen versehen, es braucht keine Erlösung von außerhalb. Das Leben wird von innen durch die

Bemühungen der Menschen umgestaltet, die das Gesetz Gottes erfüllen."[15]

So stehen die jüdischen Menschen unter dem Gesetz, das sie mit Ernst und heiligem Eifer zu erfüllen suchen. Wir können auch diesem großen Bemühen der gläubigen Juden, das Leben umzugestalten, die Anerkennung nicht versagen.

Unaufhaltsam geht die Reise weiter. Unser Flugzeug setzt zur Landung auf dem Flughafen von Kalkutta an. Indien zieht uns in seinen orientalischen Bann. Hier begegnen wir einer Religion, die in ca. 3000 Kasten (Gruppen) eingeteilt ist: der Hinduismus. Wir sehen einen Mann, der mit verschränkten Beinen auf einer Säule sitzt. Er gleicht einem Skelett. Ein Einheimischer erklärt uns, dass dieser Guru ein Gelübde getan hat. Er wird nie mehr den Platz auf seiner Säule verlassen. Er wird dort sitzen und sich durch Askese und Meditation immer mehr von sich selbst erlösen, bis er eines Tages tot herunterstürzt.

„Und was hat er davon?", fragen wir.

„Damit wird er sein Karma durchbrechen, die automatische Vergeltung aller Taten. Er weiß: Er wird solange wiedergeboren, sei es als Tier oder als Mensch, bis er alle bösen Taten aus seinen bisherigen Leben abgebüßt hat. Wenn er vom Bann der ständigen Wiedergeburt endlich befreit ist, wird er aufgehen in Brahma, dem Gott, der die Schöpfung symbolisiert."

Viele Hindus laufen uns in Kalkutta über den Weg. Auf ihren Gesichtern liegt der Schatten einer tiefen

---

15 A. Neher in „The Student World"' 1959/1, 5.85, zitiert bei Stephen
   Neill in „Gott und die Götter", Seite 45

Melancholie. Helmuth von Glasenapp sagt: „Das ganze Leben eines Hindu ist von der Geburt bis zum Tode mit den Ausführungen bestimmter Zeremonien verbunden. Fasten und Kasteiungen, die Einhaltung bestimmter Gelübde und meditativer Versenkung dienen dazu, das Herz zu läutern und ein gutes Karma zu gewinnen."[16]

Unsere Reise in Gedanken führt uns nach Burma, einem Land, in dem die Leute stolz sind auf den, dessen Gedanken sie sich demütig unterwerfen: Gautama Buddha.

U Nu, ehemals Premierminister von Burma, hat gesagt: „Es ist unsere Pflicht, ganz klar festzustellen, dass alle Weisheit von Karl Marx geringer ist als ein Zehntel eines Staubkörnchens auf den Füßen unseres großen Herrn Buddha."

Tiefe religiöse Überzeugtheit spricht aus diesen Worten. Auf die westliche Welt übt der Buddhismus heute besondere Anziehungskraft aus. Einen persönlichen Gott kennt der Buddhist nicht. Es handelt sich im Wesentlichen um eine atheistische Religion, die ursprünglich aus dem Hinduismus kommt. Das Ziel aller Buddhisten ist es, einmal im Nirwana aufzugehen. Es ist das große Nichts, das als unsagbare, überweltliche Freude empfunden wird.

Bettelmönche begegnen uns auf den burmesischen Straßen. Sie sind oft Söhne reicher Eltern. Nun wandern sie eine Zeit lang arm, mit geschorenem Haupthaar umher. Vom Bemühen des Einzelnen hängt es ab, ob er das hohe Ziel erreicht. Viele haben resigniert. Sie

---

16 a. a. O. Seite 167. Zitiert bei Stephen Neill, a. a. O. Seite 119

hatten nicht die Kraft, die vorgeschriebenen Gesetze zu erfüllen. Andere haben alle Vorschriften eingehalten und sehen nun mit großem Verlangen dem Nirwana entgegen. Gautama Buddha starb – so wird berichtet – mit den Worten auf den Lippen: „Bemüht euch ohne Unterbrechung. Bemüht euch!"

So bemühen sich die Anhänger Buddhas, nach den großen Gedanken und Lehren ihres Meisters, des Erleuchteten, zu leben. Der Motor, der sie immer wieder treibt, ist auch hier der Wille nach Erlösung. „Der Buddhist versichert, dass jeder sein eigener Retter sein kann; bemüht er sich ernsthaft, gut zu sein, dann wird er dieses Ziel auch erreichen."[17]

Ein kurzer Aufenthalt in Südamerika: Rio de Janeiro. Weltstadt mit pulsierendem Leben. Sie ist voller Menschen mit abergläubischen Herzen. Spiritistische Gruppen schießen wie Pilze aus dem Boden. Menschen zünden kleine Feuer an und verbrennen schwarze Federn. „Schaltet euren Verstand aus!", rufen sie den Leuten zu. „Verkauft eure Seelen!" Sie tanzen, tanzen bis zur Ekstase. Es gibt ungezählte Formen primitiven, religiösen Lebens, gewachsen auf dem Boden dunkler Ängste und religiöser Sehnsucht.

Ins eigene Land zurückgekehrt schalte ich abends den Fernseher ein. Talkshow. Bekannte Gäste. Sie kommen auf „Religiöses" zu sprechen. Das Wort *Reinkarnation* kursiert. Eine Dame, geistreich, attraktiv, um die 50, lässt uns wissen, dass sie im Mittelalter eine orientalische Prinzessin war. Keiner lacht. Im

---

17 Stephen Neill a. a. 0. Seite 136

Gegenteil: „Ach, so?" – „Aha!" – „Wie interessant!" – „Wissen gnädige Frau Genaueres?"

Ich sitze da und denke: „Vor 25 Jahren wäre sie für geisteskrank erklärt worden und die anderen in der Runde gleich mit. Wie sich die Zeiten ändern." Dann schießt es mir durch den Sinn: „Du bist nicht der Richter dieser Leute." Jedoch muss ich zugeben, dass ich diese traurige Vorstellung nicht mehr als vornehm, sondern als erbärmlich empfand. Welch eine Armut tat sich da auf!

Reinkarnation kommt aus dem Hinduismus und wird dort als große Last, als tiefer Schmerz des menschlichen Daseins empfunden. Der gläubige Hindu möchte ins Nirwana, kommt aber stattdessen, weil er im vorigen Leben wiederum zu sündhaft war, stets in neue Existenzweisen hinein. Qualvoller Kreislauf. Seltsam, was dort als quälend empfunden wird, erfährt bei uns begeisterte Zustimmung. „Dann ist mit dem Tode doch nicht alles aus!", frohlocken die einen. „Dann gibt es auch kein Jüngstes Gericht!", jubeln die anderen.

In eine „vagabundierende Religiosität" fährt Gottes Wort wie ein ernüchternder Trompetenstoß: „Und wie es den Menschen bestimmt ist, *einmal* zu sterben, danach aber das Gericht" (Hebräer 9,27). Dieses biblische *einmal* bedeutet nicht „irgendwann einmal", sondern ausdrücklich *ein einziges Mal*. Darum ist es im Neuen Testament (zumindest in der Lutherübersetzung) auch kursiv gedruckt. Weil der Mensch laut der Bibel nur ein einziges Mal lebt, wird er auch nur einmal sterben. Danach kommt das Gericht. Durch das Wort Gottes werden wir Menschen jetzt, hier und heute in die Verantwortung gestellt. Da gibt es kein

Aufschieben, keine lange Bank, keine immer wieder neue Chance oder, anders empfunden, endlose Quälerei. Unser Dasein ist kein Jahrmarkt. Es gibt kein sich wiederholendes *neues Spiel – neues Glück*. Jetzt, hier und heute sind die Maßnahmen zu ergreifen, die uns zum Freispruch im Jüngsten Gericht führen. Da gibt es nur eines: Jesus Christus als Herrn und Retter aufnehmen, sich dem Heiland unterstellen!

Wenn wir uns in unseren europäischen Ländern umsehen, erleben wir überbordenden Aberglauben. Filmschauspieler bekennen öffentlich, dass Horoskope und Kartenlegen in ihrem Leben eine entscheidende Rolle spielen. In großen Städten – so die Statistik – soll es mehr Wahrsager als Pastoren oder Ärzte geben. Spiritistische Sitzungen und okkulte Zirkel finden sich leicht, wo viele Menschen wohnen. Auf dem Land werden Menschen und Vieh besprochen, wenn sie unter gewissen Krankheiten leiden. Talismane oder sonstige Glücksbringer hängen in den Autos intelligenter Menschen. Hier hat aufgeklärtes Bewusstsein mit primitivem Aberglauben eine seltsam harmonische Ehe geschlossen.

Andererseits sind da die Sekten, die sich in unserem Land immer mehr ausbreiten. Zeugen Jehovas besuchten mich, zwei junge Leute. Nachdem ich ihnen eine Viertelstunde lang zugehört hatte, sagte ich zu ihnen: „Sie opfern Ihre freie Zeit für Ihre Sache, Sie suchen die Menschen auf und reden mit ihnen." Sie lächeln bescheiden. „Sagen Sie", fuhr ich fort, „warum tun Sie das eigentlich?" Mein Besuch muss nicht lange überlegen: „Wir tun das, um die Gunst Gottes zu erlangen." – „Die Gunst Gottes erlangen" –

das *klingt* gut. Ich will einmal davon absehen, dass das ja bedeutete, dass sie mich damit lediglich zu ihrem frommen Zweck missbrauchten. Es ging ihnen also nicht um meine Person, es ging ihnen um die Gunst Gottes, die sie für sich zu erlangen suchten. Ich war ihr Objekt, das sie dazu benötigten. Doch sehen wir davon ab.

Als sie von der „Gunst Gottes" sprachen, die sie zu erwerben suchten, musste ich an die vielen Religionen denken, an die Hindus und Buddhisten, an die Muslime und wie sie alle heißen. Es findet sich bei aller Verschiedenheit überall das gleiche Bild, das gleiche Ziel, das gleiche Motiv: Menschen wollen durch ihre Mühen zu ihrer Gottheit gelangen.

2. RELIGIÖSER IMPULS

Da ist ein religiöser Impuls im Menschen. Er ist uns offenbar mitgegeben. Der religiöse Impuls – ob er mit der beschriebenen Sehnsucht nach dem Leben identisch ist, soll hier nicht untersucht werden – ist in der Menschheit. Sie wird ihn nicht los. Der Impuls kommt aus einer tiefen menschlichen Ahnung: Wir finden uns in dieser Welt vor und spüren, dass uns etwas fehlt, dass wir nicht vollkommen sind. Da fehlt etwas. Wenn wir ein Ideal haben, das wir anstreben, so sagen wir damit: Unser jetziger Zustand ist eben nicht ideal. Wir müssen erst dahin, das Ideale zu erreichen. Jede Weltanschauung hat ein Ziel. „Dahin musst du kommen", wird dem Menschen gesagt. Das heißt aber: „Jetzt bist du noch nicht am Ziel." Dieser religiöse Impuls ist allen Menschen vorgegeben. So verschieden die Menschen sind, so verschieden können sie sich äußern.

Menschen, die an Übersinnliches glauben, entwickeln aufgrund dieses Impulses eine Religion. In diesem Sinne stimmt sogar der Satz: „Der Mensch schuf Gott nach seinem Bilde." So haben die Menschen je nach Temperament und Veranlagung „ihren Gott" oder besser gesagt ihre Vorstellung davon. Die Religionen, von der Unvollkommenheit der Menschen zu Recht überzeugt, haben eine unübersehbare Kette frommer Vorschriften. Von Menschen entworfene Götterbilder beschreiben Gottheiten, die durch Erfüllung von Gesetzen günstig gestimmt werden müssen. So kommen die Gläubigen zum jeweils erklärten großen Ziel. „Bemüht euch ohne Unterbrechung, bemüht euch!", sagte Buddha.

So bemühen sich die Menschen. Es entsteht die große Bewegung der Religionen. Es ist eine Bewegung, die nur eine Richtung hat: vom Menschen hin zur jeweiligen Gottheit, „die er für sich zu gewinnen sucht oder zu denen er sich zu erheben trachtet", schreibt Helmuth von Glasenapp. Das ist der Antrieb des religiösen Menschen; er will aus seiner Unvollkommenheit zu seinem vollkommenen Gott – das oft unter großen Opfern und Mühen bis hin zu Selbstkasteiungen.

In der Skizze sieht das so aus:

GOTT

Der Pfeil bezeichnet das religiöse Verlangen des Menschen, aus den Niederungen seines Daseins unter Mühen zu Gott zu gelangen.

Nun gibt es Menschen, die glauben nicht an Übersinnliches. Aber auch in ihnen ist der religiöse Impuls. Wohin geht der Pfeil ihrer Sehnsucht? In Richtung einer Gottheit kann er nicht gehen, denn die erkennen sie nicht an. Ihre Sehnsucht kann sich nur mit sich selbst befassen. Wo „Gott" nicht gedacht oder geglaubt wird, muss der Mensch diesen Platz einnehmen. So gilt alle Mühe und Plage nur ihm selbst und nicht irgendeiner „Übersinnlichkeit". Der religiöse Impuls geht vom Menschen aus – kehrt aber wieder zum Menschen zurück. Wir sehen den Pfeil, der zu seinem Ausgangspunkt zurückläuft.

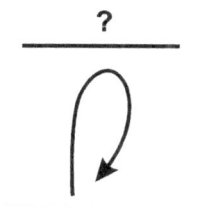

Diese Bewegung nennen wir *Säkularisation,* Verweltlichung. Dass z. B. im Kommunismus säkularisierter, also verweltlichter religiöser Impuls vorlag, konnte schon äußerlich an geradezu religiösen Formen und ritenähnlichen Handlungen gesehen werden. Wer einmal eine Jugendweihe in der DDR miterlebte, weiß davon. Das Wort „Maokult" bezeichnete das gleiche Phänomen in Rotchina. Die „Maobibel" war ein weiteres Indiz für verweltlichte Religiosität.

Neben diesen äußeren Kennzeichen von Religiosität sind die inneren nicht zu übersehen. Menschen sind bereit, die Sache, die sie betreiben, über ihre persönlichen Belange zu stellen, bis hin zu der Bereitschaft, dafür zu sterben. Auch hier will der Mensch „das Heil von etwas Größerem, als er selbst ist".[18]

So sehen wir die Menschen – ob religiös oder säkularisiert –, wie sie sich placken und plagen, um das zu erreichen, wonach ihre Sehnsucht steht. Es liegt alles – hier wie dort – am menschlichen Tun. „Bemüht euch!" ist der Imperativ der religiösen, „arbeitet!" der der säkularisierten Welt.

Ist bei den Christen nicht genau dasselbe zu finden? Wohl ist alles ein wenig anders verpackt als im Orient, aber herrscht nicht das gleiche Motiv wie bei allen anderen auch hier vor?

Fragen wir einmal 100 Christen, warum sie sonntags zur Kirche gehen, so wird wohl mancher unter ihnen erklären: „Wir wollen einmal in den Himmel kommen!" Das ist nichts anderes als alles andere auch. Das ist Religion. Der „christliche Mensch" bemüht sich auf seine Weise, zu Gott zu kommen, weil auch ihn seine Sehnsucht und Angst dazu treiben.

3. DAS CHRISTENTUM – EINE ANGSTRELIGION?

Religiöse Menschen haben Sehnsucht und Angst. Ist nicht auch das Christentum eine Angstreligion?

Ich erinnere mich an ein Gespräch mit einem Mann, der in große Schuld verstrickt war. Als wir

---

18 Jules Monnerot

über Gott sprachen, sagte er mit ängstlichen Augen: „Wenn es einen Gott gibt, dann bringt er mich zur Strecke." Mit „Gott" verband sich für ihn Angst! Dieser Eindruck war ihm offenbar von Christen vermittelt worden.

Fragen wir die Bibel selbst und greifen wir nur eines heraus: Es gibt zwei Worte im Neuen Testament, über die große Männer zu Tode erschraken: *Gerechtigkeit Gottes!*

Es war um das Jahr 1000 nach Christus. Da erfuhr ein mächtiger Mann, Orseoli, Doge von Venedig, die Gerechtigkeit Gottes würde in der Silvesternacht enthüllt. Daraufhin verließ er, einer der mächtigsten Männer seiner Zeit, seinen Palast, seinen Besitz und floh vor dieser Gerechtigkeit in eine Höhle der Pyrenäen. Er war von einer unheimlichen Ahnung gepackt: „Die Gerechtigkeit Gottes stellt mein Leben in ein so durchdringendes, gleißendes Licht, dass es an seiner eigenen Erbärmlichkeit verbrennen wird. Wenn Gott gerecht ist, wenn er mit mir umgeht, wie es recht und billig ist, dann ist mir meine ewige Verdammnis sicher." Kein Wunder, dass sich der Doge verkroch.

Gut 500 Jahre später liegt ein junger Mönch in seiner Klosterzelle auf dem Gesicht. Er hatte in der Bibel gelesen, im Neuen Testament. Seine Augen waren auf zwei Worte gefallen: Gerechtigkeit Gottes. Wieder wird ein Mensch durchglüht vom gleichen Entsetzen, von der gleichen Angst: Gerechtigkeit Gottes, das ist das Todesurteil über mich, über die ganze Welt. Wenn Gott heilig ist, wie es die Bibel sagt, dann muss alles Unheilige vor ihm verbrennen.

Und so bricht ein Schrei auf in diesem jungen Mann, der den Namen Martin Luther trägt. Ein verzweifeltes Fragen durchzittert sein junges Leben: „Wie kriege ich einen gnädigen Gott? Wie?" Er lechzt nach Gnade, aber das Wort „Gnade" steht da nicht im ersten Kapitel des Römerbriefes, „Gerechtigkeit" steht da. „Gerechtigkeit Gottes" – ein eisiges Wort. „Ich hasste förmlich jene gerechte, die Sünder bestrafende Gottheit", bekannte Luther später.

Der Reformator hat es zu spüren bekommen, wie unser Leben dasteht vor den Augen Gottes. Auch der Tugendhafteste muss vergehen vor Gottes versengender, heiliger Gerechtigkeit. Niemand kann sich seiner Taten vor Gott rühmen, sagt die Bibel. Nicht einmal die allerbesten Taten reichen vor Gott aus, um ihn günstig zu stimmen. Wenn ein Mensch es dennoch wagte, Gott seine guten Werke vorzurechnen, so würde er damit so lange ins Leere rennen, bis er begriffe: „Auch in den guten Taten meines Lebens habe ich nur mich selbst gesucht, meine Ehre, Anerkennung, Beifall und Lob." Der pure Egoismus, das deckt die Bibel auf, quillt uns aus sämtlichen Poren unseres Menschseins. „Vor ihm niemand sich rühmen kann, des muss sich fürchten jedermann, auch in dem besten Leben", hat Luther über die menschliche Situation vor Gott geschrieben. „Gerechtigkeit Gottes" – ein Wort, über dem wir nicht so schnell zur Ruhe kommen.

Ist das nicht Angstreligion?

In dem Wort „Gerechtigkeit Gottes" wird etwas angerissen, was nach dem Neuen Testament kosmische Bedeutung hat. Mit dem Wort „Gerechtigkeit" führt uns die Bibel in den Gerichtssaal der Weltgeschichte.

Es ist der Ort, wo Gott mit allen Generationen abrechnet, die je ihren Fuß auf die Erde setzten. Gott macht den Menschen den Prozess. Hier riecht es nicht muffig nach Aktenstaub. Hier herrschen nicht Langeweile und Kleinkrämerei. Im Gerichtssaal der Weltgeschichte herrscht eine Spannung, die kein Mensch ertragen kann. Der Prozess, um den es geht, ist unvergleichlich. Es geht um Sinn oder Unsinn der Geschichte, um Leben oder Tod einer ganzen Welt.

Wir sind hineingerissen in diesen Prozess, nicht als Zuschauer, die mit prickelnder Erwartung behaglich auf den sanften Ruhekissen guter Gewissen liegen. Nein, wir sitzen auf den härtesten Bänken in diesem Gericht. Wir sitzen auf dem Platz, von dem aus der ganze Makel unseres Daseins aufgedeckt wird. Auf der Anklagebank sitzen wir, dort, wo die Angst ist, die Tränen, das Grauen vor Gottes Gerechtigkeit, wo wir von tausend Fragen nicht eine beantworten können, wo alle Entschuldigungen auf den Lippen ersterben, wo Entsetzen ist über uns selbst, wo wir zusammenbrechen und wünschten, wir wären nie geboren.

Der Ausgang dieses Prozesses ist klar: Gerechtigkeit Gottes, d. h. die Zusammengebrochenen haben keine Chance, jemals wieder auf die Füße zu kommen, weil sich niemand bei Licht besehen das Gerede von der „weißen Weste" leisten kann. Darum, weil wir so sind, tritt in dem Prozess jemand gegen uns auf. Er ist der Ankläger. „Alt böser Feind" hat Luther ihn genannt und damit den Teufel gemeint.

„Teufel" – ist hier nicht wieder ein Wort, das uns, wenn wir es ernst nehmen, ebenfalls in Angst und

Schrecken versetzt? Er, der uns gelockt hat, das Vertrauen zu Gott in den Dreck zu werfen, er, dem wir geglaubt haben, als sei er unser bester Freund, er ist es, der uns nun vor Gott verklagt. Er hat uns in die Sünde getrieben, damit wir vor Gott keine Möglichkeit für einen Freispruch haben. Es ist viel Platz in der Hölle, und der Teufel ist nicht gern allein. Darum führt er in das Elend der Sünde, und darum klagt er den Menschen vor Gott an.

Gott ist gerecht. Ihm bleibt keine Wahl. Da ist Schuld bei den Menschen, und sie muss beglichen werden. Der Teufel hat ein Recht auf uns. Er kann Gott behaften auf seine unbestechliche Gerechtigkeit. Und so lautet der Urteilsspruch: Die Welt ist des Todes schuldig. Der Mensch ist verdammt in alle Ewigkeit. „Gerechtigkeit Gottes", das heißt: Mit dem Menschen ist es aus. Er muss an den Galgen.

Und nun, nachdem Zug um Zug alle Auswege des Menschen verbaut sind, geschieht etwas Unbegreifliches. Als die Zeit erfüllt ist, begibt sich der Richter, Gott selbst, auf die Anklagebank. Er sagt: „Das Urteil gilt, aber die Strafe übernehme ich!" Es hängt wirklich jemand am Galgen der Weltgeschichte – aber nicht die Menschheit, sondern Gott in seinem Sohn.

Mit einem Schlag wird aus der vermeintlichen Angstreligion für die Menschen die einzige und einzigartige Botschaft der Freude!

4. EVANGELIUM

Der, der den Kosmos geschaffen hat, beugt sich herunter in das Elend dieser Welt. Gott wird Mensch und liefert sich an Menschen aus. Er lässt sich anspucken und beschwert sich nicht. Er lässt sich mit Fäusten ins Gesicht schlagen und erhebt keine Hand. Er lässt sich beleidigen und lächerlich machen mit einer Dornenkrone und bleibt ganz stumm. Dann sitzt er vor der aufgewiegelten Volksmenge, die da schreit und geifert und lacht und flucht – und er betet für diese Leute. Es gellt in seinen Ohren, und es gellt durch die Jahrhunderte: „Kreuzige ihn!" Er aber bäumt sich auch gegen diese Schande nicht auf. Sie reißen ihm die Kleider vom Leib, das bedeutet, sie ziehen ihm die Menschenwürde aus. Er hindert die Menschen nicht. Er lässt sich geißeln. Die Peitsche wurde eigentlich für das Tier gebraucht. Aber dieser Mensch soll kein Mensch mehr sein – und er ist doch Gottes Sohn.

Der Mann am Kreuz hatte gesagt: „Ich und der Vater sind eins" (Johannes 10,30). Wenn er leidet, dann leidet Gott. Wenn er blutet, dann blutet Gott. Hier wird Gott nicht von Unerwartetem getroffen. Er weiß, wie es der Wahrheit ergeht, wenn sie zu den Menschen kommt, jenen „Mitverschworenen der satanischen Empörung gegen Gott" (Karl Heim). Er weiß es, und darum ist er nicht nur der Duldende, sondern der Handelnde. Gott ist nicht am Ende, er ist am Ziel. An dieser unergründlichen Gottesliebe ist die Macht der Hölle zerbrochen. Das Blut des Sohnes Gottes, das da fließt, ist das Blut, das vergossen ist zur Sühne für unsere Schuld. Keine satanische Macht hat mehr die Möglichkeit, uns vor Gott zu verklagen. Gott hat ihr diese Möglichkeit genommen. Die Schuld ist bezahlt! Das ist Gott, und das ist das Evangelium.

Keine Gottheit in den Religionen rührt auch nur einen Finger für die Menschen, die sich ihnen verschrieben haben. Dort muss der Mensch sich selbst opfern. Er muss sich placken und plagen, sich kasteien und alle Ängste der Verzweiflung selbst durchstehen.

Mitten in dieser Welt aber, in der die Menschen sich voller Sehnsüchte und Ängste abmühen, steht das Kreuz. Der Mann am Kreuz sagt *ein* Wort, das die Situation der Welt verändert:

„Es ist vollbracht!"

Du Hindu auf deiner Säule, du kannst heruntersteigen – es ist vollbracht. Du Buddhist brauchst nicht mehr als bettelnder Mönch durch die Straßen zu gehen – es ist vollbracht. Du Jude brauchst dich nicht zu mühen, das Gesetz zu erfüllen, es ist erfüllt – es ist vollbracht. Ihr Muslime dürft wissen, dass den Gang über die Brücke des Gerichts ein anderer für euch gegangen ist. Ihr braucht ihn nicht mehr zu gehen – es ist vollbracht. Ihr Zeugen Jehovas braucht nicht mehr mit euren Schriften an den Straßen zu stehen, Besuche zu machen, um euren „Felddienst" abzuleisten, damit ihr die Gunst Gottes erlangt – es ist vollbracht. Ihr unzähligen religiösen Menschen braucht keine Angst mehr zu haben. Alle Ängste hat er durchstanden für euch – es ist vollbracht. Nehmt Jesus Christus an als den Heiland, der euch erlöst *hat*. Dann macht weiter eure Besuche, aber nicht mehr für euren frommen Zweck, sondern für die Menschen, die ohne die befreiende Kunde von Jesus nie richtig froh werden können. Ihr Kommunisten, huldigt nicht länger der Illusion, dass ihr durch Revolutionen wirklich den Menschen verändert. Es gibt nur einen, der bis zum Herzen des Menschen durchdringt und es verändert, das ist der Mann am Kreuz. Er schafft die „neue Kreatur". Ihr Menschen, die ihr euch in euren christlichen Kirchen müht, es euch nicht mit Gott zu verderben; die ihr meint, Gott werde euren guten Willen sicher einmal anerkennen; die ihr zur Kirche geht, um selig zu werden – habt ihr es denn nie gehört, habt ihr es denn nie geglaubt? Es ist vollbracht!

Da liegt jener junge Mönch in seiner Klosterzelle. Das Wort „Gerechtigkeit Gottes" hatte ihn zermalmt. Mit matten Blicken liest er weiter im Römerbrief. Er kommt zum dritten Kapitel:

„Denn es ist kein Unterschied, denn alle haben gesündigt und erlangen nicht die Herrlichkeit Gottes" (Römer 3,22-23; ELB). Wie ein Schlag empfindet er die Worte. Soll er noch weiterlesen? Ist nicht das Urteil schon gesprochen? Was soll da noch helfen? Da fallen seine Augen auf die nächsten Zeilen: „... und werden *umsonst* (geschenkweise) gerechtfertigt durch seine Gnade, durch die Erlösung, die in Christus Jesus ist." Unbändige Freude! Der eben noch Verzweifelte begreift: Die Gerechtigkeit Gottes ist nicht die Gerechtigkeit, die Gott von uns fordert, sondern die, die Gott selbst erfüllt und die er den Menschen schenkt – einfach schenkt unter dem Opfer seines Sohnes. Jetzt gilt nur das eine: das Geschenk annehmen, Jesus annehmen, für mich gelten lassen und geltend machen als Gottes Gabe. Die Freude, die beim Lesen und Erkennen dieser Worte frei wurde, gab Martin Luther die Kraft, eine Revolution in der damaligen christlichen Kirche zu bewirken und durchzuhalten gegen viele Widersacher.

Evangelium ist das Gegenteil von Religion. Das Evangelium fordert den Menschen nicht auf, durch Eigenanstrengungen zu Gott zu kommen. Es ist genau umgekehrt: Gott sagt, dass er zu dem Menschen kommt und alles für ihn bereitet hat. Unsere kleine Skizze macht das noch einmal deutlich.

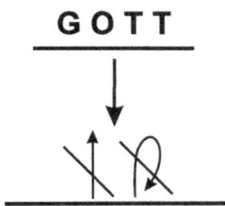

Was den Menschen zu seiner eigentlichen Bestimmung kommen lässt, ist nicht seine eigene Mühe. Er muss bereit sein, sich darin durchstreichen zu lassen, um den zu ergreifen, der für ihn gestorben und auferstanden ist.

Jahrhunderte sind seit Luther vergangen, und wieder macht der christliche Mensch aus dem Evangelium eine Religion. Es muss sehr schwer sein, an entscheidender Stelle auf eigene Werke zu verzichten. Der religiöse Mensch bricht auch in den Christen immer wieder durch. Wir möchten so gern vor Gott etwas aufzuweisen haben. Jesus aber hatte die „geistlich Armen" seliggesprochen, das sind gerade die, die vor Gott *nichts* aufzuweisen haben. Gott will nicht, dass wir ihm unsere Anständigkeit vorrechnen. Er will, dass wir ihm unsere Sünden ausliefern und das Geschenk der Vergebung empfangen.

Wenn Menschen darum in die Kirche laufen, um zu Gott zu kommen, um seine Gunst zu erlangen, dann ist hier nichts anderes als in den Religionen auch. Das ist Religion unter christlichem Vorzeichen und damit Verfälschung des Evangeliums, Heidentum, das sich christlich gibt. Es wird in unseren Kirchen massenweise gelebt. Ein bekannter Theologe hat einmal gesagt, dass das Christentum nur noch die Summe der Missverständnisse sei, die sich um Jesus Christus gebildet haben. Sicher ist das übertrieben. Es gibt auch Dinge in der Kirche, in denen uns das Angesicht Gottes entgegenleuchtet. Dennoch, dass dieser Satz überhaupt gesagt werden kann, ist ein alarmierendes Zeichen.

Das ist eine verheerende Katastrophe, die sich in der Kirche heute „in aller Stille" vollzieht. Sie – die Kirche – trägt sich selbst zu Grabe, wenn sie das Evangelium zu einer Religion verfälscht.

Die Erde wird um ihr Salz betrogen, Menschen um die Wahrheit, Verzweifelte um eine große Liebe, Seelen um ihr ewiges Heil. Diese Welt voller Elend und Schuld, voller Kummer und Leid, voller Verzweiflung und Einsamkeit, diese Welt, die da stöhnt und seufzt wie ein großer, kranker Leib, braucht das befreiende Evangelium! Religion und Mitmenschlichkeit können nicht helfen. Unser Schade liegt tiefer, als dass er dadurch erreicht und gebessert werden könnte. Ohne das Evangelium bleibt der Mensch seinen Sehnsüchten und Ängsten in Sinnlosigkeit weiterhin ausgeliefert.

Evangelium ist nicht Angstreligion. Evangelium heißt „Frohe Botschaft"! Die ersten Worte bei der Geburt Jesu lauten:

„Ihr braucht euch nicht zu fürchten! Ich bringe euch eine gute Nachricht" (Lukas 2,10). Evangelium ist und bleibt Gottes Geschenk an den Menschen. Darum ist das Motiv, aus dem ein Christ heraus handelt, nicht Pflicht oder Angst, sondern *Dankbarkeit.* Wer Jesus aufgenommen hat, kann dankbar sein. Christen sind Menschen, die Erlösung durch Jesus empfangen haben und darum wissen, dass ihre Belange zum Ziel gekommen sind. Dadurch sind sie befreit von sich selbst, auch von ihrem religiösen Ich.

Evangelium heißt, dass Schuldige von Gott freigesprochen werden. Handfeste Sünder dürfen das Geschenk der Vergebung und des ewigen Lebens annehmen, Menschen mit schlechtem Charakter froh werden über den lebendigen Gott.

Wie sagte mir der junge Mann im Gespräch? „Wenn es einen Gott gibt, dann bringt er mich zur Strecke." Darauf konnte ich ihm sagen: „Erstens, Gott ist da! Zweitens will er dich nicht zur Strecke bringen, sondern dich von dem befreien, was dich zur Strecke bringt."

Gott ist kein Gott, vor dem der Mensch sich mit seinem schlechten Gewissen aus dem Staube machen muss. Gott ruft Menschen mit belasteten Gewissen zu: „Kommt her zu mir! Ich nehme euch die Last ab und lege sie auf meinen Sohn." Noch einmal sei es gesagt: Wir ehren Gott nicht, wenn wir ihm unsere Mühen bringen, unsere guten Taten, unsere Anständigkeiten. Wir ehren Gott, wenn wir ihm unsere Sünden bringen, was uns belastet. Darum allein sandte er doch seinen Sohn, nicht weil wir gut wären, sondern weil wir Sünder sind.

„Nimm das, was Gott für dich getan hat, im Vertrauen – d. h. Glauben – einfach an!" Das ist der einzige Imperativ Gottes. Er will uns beschenken mit seinem Sohn, das ist der Hauptsatz im Evangelium.

Die Evangeliumsperson, Jesus Christus, anzunehmen bedeutet die Todesstunde des religiösen Ichs und wird zur Geburtsstunde des erlösten Christen.

Nach allem, was wir bisher gesagt haben, werden wir erkennen: Christsein ist keine ängstliche, verschämte Frömmigkeit in den Winkeln. Es geht ja nicht „nur" um die Rechtfertigung des einzelnen Sünders. Es geht im Evangelium um eine große, absolute Hoffnung für diese Welt und alle Kreatur.

VII. Revolution und Hoffnung

1. EIN FUNKE SPRINGT ÜBER

In Havanna auf Kuba saß ein alter Mann. Er machte sich seine Gedanken und – verstand die Welt nicht mehr. Einst hatte er die Großen seiner Zeit das Fürchten gelehrt, war er doch der unbeugsame Störenfried einer korrupten, spießbürgerlichen Kapitalistengesellschaft. Mit einer glühenden Hoffnung, die ihresgleichen suchte, hatte er zur Veränderung und Verbesserung der Welt seinen revolutionären Beitrag geleistet. Die Feudalherrscher seines Landes hatte er vertrieben und sein Heimatland in einen sozialistischen Staat verwandelt. Der inzwischen verstorbene Fidel Castro war alt geworden und mit ihm seine glühenden Ideen. Unsere Weltentwicklung war an ihm vorbeigegangen. Manchmal redete er noch zu seinem Volk. Dann ließ er die vergilbten Spruchbänder von einst ausrollen, als wolle er alte Zeiten noch einmal heraufbeschwören: *SOCIALISMO O MUERTE – SOZIALISMUS ODER TOD* war da zu lesen. Wer glaubte noch daran? Viele seiner Landsleute lieben ihn immer noch. Aber leben tun sie auf ihre Weise. Die ist alles andere als sozialistisch. *SOCIALISMO O MUERTE* – das klingt heute eher mitleiderregend, tragisch-komisch.

Sein damaliger Freund und Kampfgenosse war Ernesto Che Guevara. Er wurde in den 60er und 70er-Jahren auch hierzulande von vielen verehrt. Sie waren junge Revolutionäre, die einem – für die Begriffe damaliger junger Leute – abgestumpften Dasein wieder Schärfe und Glanz verliehen. Gleichzeitig gab es den unseligen Vietnamkrieg, der viele Studenten empörte und Stellung für die Kommunisten beziehen ließ. So sprang der revolutionäre Funke auch auf die jungen Menschen in Europa über. Es entstand die Neue Linke.

„Warum konnte der Funke so schnell Feuer fangen?", fragte unsere Gesellschaft betroffen. Namentlich die ältere Generation empfand das Auftreten der Neuen Linken als Katastrophe. „Endlich haben wir einmal ein paar Jahre Frieden, und schon geht der Krach wieder los!", sagte mir damals ein älterer Herr. Aus seinen Worten sprach das tiefe Bedürfnis nach Ruhe. Dieser Mann hatte einiges an Unruhe hinter sich gebracht. Er war im Krieg gewesen, war verwundet worden, dann kam die Inflation. Er hatte „die Nase voll", wie er mir eindrücklichst versicherte. „Und nun geht der Krach schon wieder los."

Mit einer ungeheuren Energieleistung hatte die vorausgegangene Generation unser Land aus Trümmern und Asche wiederaufgebaut. Aus einem Chaos war ein Wohlstandsstaat geworden.

Aber dann? Eine neue Generation war herangewachsen. Sie hatte von den Mühen des Aufbaus nichts mehr miterlebt. Sie sah sich im Gebäude unseres Staates um und bekam dabei unangenehme Gefühle. Diese verdichten sich zum großen Unbehagen.

Eine tiefe Unruhe hatte denkende junge Menschen erfasst. Sie gingen auf die Barrikaden und schleuderten empört ihren Protest in die Wohlstandswelt .

Hinter dem Zorn der jungen Leute stand die leidenschaftliche Anfrage an die damalige Gesellschaft, ob sie eigentlich keine höheren Ziele zu bieten hätte als die Befriedigung äußerer Bedürfnisse. Junge Menschen fühlten sich terrorisiert durch eine Gesellschaft, die stillschweigend Wohlstand und Konsum zu den höchsten aller Güter erklärt hatte.

Woher kam es, dass die Generation der Erwachsenen ohne große Ideale leben konnte, dass sie sich mit materiellem Wohlstand zufriedengab? Das hatte einen historischen Hintergrund.

Als die damals Erwachsenen jung gewesen waren, hatten sie hinreißende Ideale gehabt. Die standen und fielen mit Adolf Hitler. Als er tot war, waren für viele auch die Ideale tot. Darin aber hatten sie alles Vertrauen investiert, dessen sie als junge Menschen fähig waren. Dann kam der Zusammenbruch. Viele waren tief enttäuscht und sahen sich verraten. Viele beschlossen, von nun an nie mehr etwas zu glauben, nie mehr Vertrauen zu haben, sei es zu einer Partei, einer Idee, einem Idol, einer Religion. Ein gebranntes Kind scheut das Feuer. Viele kehrten also zurück, ganz und gar zu sich selbst. Sie wollten nur noch geordnet und in Frieden leben. Sie wollten nicht mehr hungern und frieren, nicht mehr Angst haben vor dem nächsten Bombenangriff. Das war das ersehnte Ziel. Es wurde erreicht, und die Menschen waren damit hoch zufrieden.

So verständlich das zunächst ist – was aber ist das für ein Leben, das nur noch sich selbst kennt, nur nach den eigenen Belangen fragt? Ist es nicht tot in sich selbst? Viele junge Menschen hatten ein Gespür dafür, dass das noch nicht das Leben sein konnte. Das, was ihre Eltern als das höchste Ziel erachteten, war für sie satte Sinnlosigkeit. Eine junge Generation lehnte sich auf.

Dieser geschichtliche Hintergrund war aber nicht die einzige Ursache der studentischen Rebellion. Daneben gab es so etwas wie eine geistesgeschichtliche Ursache.

Nachdenkende Menschen sahen eine Saat aufgehen, die schon in den Oberschulen gelegt wurde durch die Einseitigkeit, mit der dort gedacht und gearbeitet wurde. Worin bestand diese Einseitigkeit? Sie bestand in dem Wirklichkeitsbegriff, der dem modernen Denken zugrunde lag und auch heute manchmal noch liegt. Es ist der Wirklichkeitsbegriff, dem das einzelne Ding wirklich ist (Nominalismus). „Das ist der moderne Begriff der Wirklichkeit geworden", sagte Carl Friedrich von Weizsäcker. Diesen Begriff bezeichnete er als „Realität" und setzte hinzu, dass der neuzeitliche Mensch sich lobt, wenn er sich einen „Realisten" nennt.[19]

Realität ist abgeleitet aus dem Lateinischen „res", die Sache. Der Realist versachlicht das ganze Leben, d. h. er löst es auf in seine Teile. Die einzelnen Teile dieser Welt und des Lebens sind für ihn nur noch allein wirklich. Einer den Teilen übergeordneten Wirklichkeit (Universalismus) ist von vornherein das Wasser abgegraben. Es gibt keine Möglichkeit, z. B.

---

19 „Die Tragweite der Wissenschaft", Seite 90

eine der reinen Sachlichkeit übergeordnete Idee zu entwickeln.

Das widerfuhr den jungen Leuten: Diese Diktatur des Denkens muss als Verführung des jungen Menschen bezeichnet werden. Wo nur noch versachlicht wird, ohne dass die Möglichkeit besteht, nach einer inneren Mitte zu fragen, auf die die Dinge zu beziehen sind, kann ein Mensch auf Dauer nicht leben. Er braucht eine Idee, eine Vision für sein Leben wie das tägliche Brot. Aber unsere damalige Gesellschaft hungerte ihn aus. Es entstand ein Vakuum, ein luftleerer, d. i. ideenleerer Raum. Dahinein stieß die Idee von der Revolution jüngerer sozialistischer Prägung. Sie konnte von vornherein sicher sein, viele mitzureißen. Der Funke sprang über und zündete das Feuer an. Es war zunächst gar nicht die Frage, ob diese Idee richtig war. Sie war hinreißend – und riss viele hin: Sie hatten endlich wieder Ideale, für die sie auf die Barrikaden gehen, für die sie leben und sterben konnten.

Weil sie etwas hatten, was sie nicht nur begeisterte, sondern wofür sie bereit waren, ihr Leben einzusetzen, waren sie anderen qualitativ haushoch überlegen.

Zwar ist das alles so gut wie verraucht. Was aber ist an die Stelle damaliger Ideale getreten? Eine im Ganzen bürgerliche Ruhe hat sich über die derzeitige Gesellschaft samt ihrer Jugend hergemacht. Eine Neue Rechte macht zwar grölend von sich reden, scheint aber keine Heilskräfte zu besitzen, eher das Gegenteil. Was wird kommen? Eine neue Ideologie, die wieder viel verspricht und dann doch ins

Verderben reißt? Viele hat eine religiöse Welle erfasst, die allerdings an den Kirchen vorbeischwappt. Sei es, wie es sei, Menschen können nicht lange leben, ohne zu glauben. Entweder glauben sie der einen Wahrheit – Christus – oder den tausend Lügen, die Leben versprechen, aber den Tod bringen.

Hier wird auch unseren Kirchen die wichtige Frage nach der Lebendigkeit ihres Glaubens vorgelegt.

Als sich die Studenten damals durch Krawalle Gehör verschafften, ging das vielleicht auch an die Adresse einer schlafenden Christenheit: „Wenn sie schweigen, werden die Steine schreien" (Lukas 19,40).

Dabei gibt es nichts, was mehr Begeisterung, Leidens- und Opferbereitschaft ermöglicht als die Botschaft von Jesus Christus.

In einer satten Gesellschaft mit einer ermüdeten Kirche brach die Jugend damals auf. Sie machte Revolution. Es war ein seltsames Feuer, das in ihnen brannte. Woher nahm es seine Kraft? Wer die Schriften Che Guevaras kennt, wird zugeben, dass sich darin eine geradezu „heilige" Leidenschaft, eine Gedankentiefe und persönliche Lauterkeit äußerten, die wir bei revolutionären Menschen eher nicht vermuten.

Junge Menschen hatten sich hinreißen lassen von einer großen Idee. Ein Funke war übergesprungen: Revolution.

2. WAS IST REVOLUTION?

Revolution ist Aufbruch aus Tradition und Vergangenheit. Revolution ist plötzlicher Bruch mit vorgefundener staatlicher Ordnung. Karl Marx hat sie die

„ruckartige Nachholung verhinderter Entwicklung" genannt. Revolution ist aber noch mehr als nur Aufbruch aus Altem oder Nachholung verhinderter Entwicklung.

Woher nahm die Revolution ihre Kraft? Sie speiste sich aus der Glut einer Hoffnung, die unsere Welt sonst nicht kennt. Diese Hoffnung verband sich mit einem großen Glauben an den Menschen. Fidel Castro sagte in seiner Totenrede über Che Guevara: „Als Revolutionär und Kommunist besaß er einen grenzenlosen Glauben an die moralischen Werte und das Gewissen der Menschen."

Revolution war Hoffnung!

Woher hatte die Revolution ihre Hoffnung, aus der sie ihre Kraft empfing?

Hoffnung war der große Impuls, der der Christenheit mitgegeben worden war, als sie mit dem Evangelium in die Welt trat. Paul Schütz schrieb: „Der Mythos der Revolution ist der biblischen Prophetie entwendet. Aber wenn auch der Prophetie entwendet und in den Mythos zurückgefallen, so ist seiner Wahrheit noch immer die Kraft verblieben, im Menschen den Willen anzurufen, der das Heil von etwas Größerem, als er selbst ist, will."[20] Und weiter schrieb er, indem er sich auf Nikolai Berdjajew bezog: „Gerade daran erkennt man die Wahrheit, dass sie – einmal von ihren Bekennern gelöst und in die Welt getreten – nicht mehr zurückgerufen werden kann. Sie wird ihre Verwirklichung suchen, und zwar um jeden Preis, wenn nicht durch die Guten, die sie empfingen,

---

20 Paul Schütz, „Parusia", Seite 44.

so durch die Bösen, die sie sich nahmen. Berdjajew sieht den Bolschewismus in diesem heilsgeschichtlichen Licht. Er hat die Wahrheit vom Gottesreich, von den Christen nicht verwirklicht, vom Boden aufgehoben und dadurch die Christenheit in ihrem Versagen gestellt und zu ihrer Sache gerufen, und das angesichts einer Menschheitskrise, an der das Christentum sich jetzt als mitschuldig erweist."[21] So war die Kraft prophetischer Hoffnung in die Menschheit zurückgekehrt, nun allerdings mit veränderten Vorzeichen. Die geistliche Hoffnung war zur politischen, die christliche Hoffnung zur antichristlichen geworden. In dieser Kraft wirkte sie in der Geschichte fort. Von Revolution zu Revolution, so wurde geglaubt, entwickeln wir uns bergauf in der Geschichte.

Hier allerdings lag der verzweifelte Irrtum.

Haben die Revolutionen die Entwicklung der Menschheit voran- und bergauf getrieben? Oberflächlich betrachtet sieht es vielleicht so aus. Die Französische Revolution, die sich infolge der Aufklärung ereignete, hat unnötige Hindernisse der äußeren Entwicklung abgestreift. Das naturwissenschaftliche Denken bekam Auftrieb. Der heutige technische Stand unseres Jahrhunderts, dem wir viele gute Seiten abgewinnen können, hat hier zum Teil seine Wurzeln. Allerdings haben wir das neue und gute Leben mit immer größer werdender Sinnentleerung bezahlen müssen. Die Dimension der Tiefe ging uns verloren. Wir haben viele Teile und Dinge erkannt und erforscht, aber keine innere Mitte mehr, auf die

---

21 ebd. Seite 489 f.

wir sie beziehen können. Die äußere Aufwärtskurve wird gekreuzt von einer inneren Abwärtskurve. Ich denke an die russische Oktoberrevolution. Für den russischen Bauern und Arbeiter hatte sie tatsächlich einen Aufschwung gebracht. Das müssen wir sehen und anerkennen. Dennoch schält sich auch hier eine unübersehbare Abwärtskurve heraus: Parteidiktatur und Unfreiheit. Karl Marx würde sich im Grabe umgedreht haben, hätte er sehen können, wie im Namen seiner Ideen mit Proletariern umgegangen wurde.

Irgendetwas stimmte nicht in der Revolution. Marx hat wohl nicht geahnt, dass der Besitz von Macht einen Menschen oder eine Menschengruppe verändert. Vertrauenswürdige Leute wurden zu Tyrannen, als sie an die Macht kamen. Denken wir an die Kämpfe innerhalb der kommunistischen Parteien, die diktiert waren von ehrgeizigem Machthunger. Was ist das? Irgendetwas stimmte nicht bei den Revolutionären, sonst hätte doch eine so hoffnungsvoll vorangetriebene Idee nicht solchen Missbrauch erleiden können. Wo lag der Irrtum? Was stimmte nicht bei der revolutionistischen Idee?

Wenn die Maßstäbe der Bibel gelten – und das tun sie –, dann ist die Antwort auf diese Frage eindeutig: Was in der Philosophie der Revolution nicht stimmte, war das Menschenbild. Hier lag der verhängnisvolle Irrtum: Die Revolutionäre machten sich Illusionen über den Menschen. Was sagte doch Fidel Castro über Che Guevara: „Als Revolutionär und Kommunist besaß er einen grenzenlosen Glauben an die moralischen Werte und das Gewissen der Menschen." Dieser Glaube ist Irrglaube und Illusion. Der Mensch, den sie einer besseren Zukunft entgegenführen wollen, ist ein anderer, als sie ahnten und glaubten.

In der Parabel „Animal Farm" schildert Eric Blair, der unter seinem Pseudonym „George Orwell" bekannt geworden ist, einen Bauernhof der Tiere, mit denen er die menschliche Gesellschaft beschreibt. Da sind die Pferde, die als herrschende Klasse die Macht ausüben, während die anderen ein kümmerliches Dasein fristen. Die Unterdrückten rotten sich unter dem Kommando der Schweine zusammen und beschließen einen Aufstand. Er gelingt. Die Pferde werden gestürzt. Es erweist sich jedoch, dass es dem „Volk" danach nicht besser ergeht. Die Schweine haben zwar die Pferde abgelöst, aber sonst bleibt alles beim Alten. Die einst Unterdrückten sind es auch weiterhin. Die Geschichte der Revolution hat erwiesen, dass Orwell recht hatte. Die Revolution irrte am entscheidenden Punkt. Sie huldigte einer Illusion über den Menschen. Das Menschenbild der Revolutionen erwies sich als falsch.

Der Mensch ist ein anderer. Weder durch Umsturz noch durch Umerziehung wird sich Wesentliches ändern. Der Mensch ist von sich aus nicht fähig, das Paradies zu verwirklichen. Warum? Er ist unerlöst, sagt die Bibel. In der Tiefe des Menschen ist etwas zerstört. Er ist in Wahrheit unfähig zum Guten. Zwar hat er guten Willen, aber dennoch gebiert er damit Böses. 90 Prozent der Weltgeschichte sind Kriegsgeschichte. Diese Prozentzahl wurde durch die Revolutionen nicht verringert, vielmehr erhöht.

Wir haben über das Menschenbild der Bibel gesprochen. Das Herumwühlen moderner Schriftsteller im „Dreck" ist nicht ihre eigentümliche Marotte, es ist der Hinweis auf die Wahrheit über den Menschen. Natürlich wussten auch die Revolutionäre, dass in der Menschheit und Gesellschaft etwas nicht stimmt. Darum machten sie ja Revolution. Sie kamen von einer Einsicht her, die einer gewissen prophetischen Qualität nicht entbehrte. Aber es wurde nicht gesehen, wie tief der Schaden lag und liegt, nämlich im Kern der menschlichen Person.

Die jungen Revolutionäre empfanden Unbehagen, und das empfanden sie zu Recht. Aber es kam aus einer umfassenderen Tiefe, als sie selbst ahnten. Schon darin zeigte sich ihre Unwissenheit: Sie nahmen sich selbst aus dem Unbehagen aus. Mit Grandezza schwangen sie sich auf den Richterstuhl der Geschichte und fällten ihre Todesurteile gegen die bisherige menschliche Gesellschaft. So sehr das Urteil zu Recht besteht, so kam doch ihnen die Richterrolle nicht zu. Der Richter der Menschen ist ein anderer. Waren sie etwa nicht aus dem gleichen Holz geschnitzt wie diese menschliche Gesellschaft? Das Unbehagen wurde auf einen Punkt konzentriert, der außerhalb ihrer selbst lag – und darauf schlugen sie ein. Die Psychologie spricht da von infantilen Restbeständen. Das Kind, das sich aus Unachtsamkeit an einem Tisch gestoßen hat, verhaut im Zorn die „böse" Tischkante und ist doch die Ursache des empfundenen Unbehagens selbst. Die Ursache der Unerlöstheit dieser Welt liegt in der Menschheit selbst. Der Kern der Menschheit aber ist die einzelne Person, auch die Person eines Revolutionärs.

Das Neue Testament stellt jeden, der sich zum Richter über andere erheben möchte, auf den Boden der Gegebenheiten: „Deshalb darfst du allerdings nicht meinen, du seist entschuldigt, wenn du das alles verurteilst. Denn wer du auch bist: Indem du über einen anderen zu Gericht sitzt, sprichst du dir selbst das Urteil, weil du genau dasselbe tust wie der, zu dessen Richter du dich machst" (Römer 2,1).

Wolfgang Borchert hat etwas von dieser menschlichen Situation gesehen, wenn er schreibt:

„Es waren mal zwei Menschen. Als sie zwei Jahre alt waren, da schlugen sie sich mit den Händen.

Als sie zwölf waren, schlugen sie sich mit Stöcken und warfen mit Steinen.

Als sie zweiundzwanzig waren, schossen sie mit Gewehren nacheinander.

Als sie zweiundvierzig waren, bewarfen sie sich mit Bomben.

Als sie zweiundsechzig waren, nahmen sie Bakterien.

Als sie zweiundachtzig waren, da starben sie. Sie wurden nebeneinander begraben.

Als sich nach hundert Jahren ein Regenwurm durch ihre beiden Gräber fraß, merkte er gar nicht, dass hier zwei verschiedene Menschen begraben waren. Es war dieselbe Erde.

Alles dieselbe Erde."

Wohin aber soll der Mensch mit dem großen Unbehagen, das er empfindet? Er muss die Ursache des ganzen Unbehagens zunächst bei sich selbst entdecken und durchstehen. Das aber wird ihm, wenn er damit auf sich selbst geworfen bleibt, das Leben unmöglich machen. Wenn jemand weiß, dass alles, was ihn empört, was er anklagt und verdammt, nur ein

Spiegelbild seiner selbst ist, dann möge er weiterleben, wenn er kann. Aber er kann es nicht. Er würde daran zerbrechen. Zerbrechen aber möchte er nicht. Darum müssen es „die anderen" sein, auf die das Unbehagen abgewälzt wird. Sie müssen angeklagt werden. *Sie* müssen die Empörung erdulden. Sie müssen die Steine abkriegen.

„Du verurteilst dich selbst!", fährt Gottes Wort wie ein Schwert da hinein. Wer gegen den Hunger in der Welt Parolen ausgibt und seine Großeltern, die nach ein wenig Liebe lechzen, an seiner Lieblosigkeit verhungern lässt, der ist ein Heuchler. Wer für den Frieden mit Plakaten auf die Straße geht und in der eigenen Ehe Streit, d. h. Krieg, macht, der ist ein Heuchler.

Sollen wir denn nun gar nichts gegen die Missstände in der Welt unternehmen? Natürlich sollen wir das. Aber solche Unternehmungen werden erst dann sachlich, wenn wir um die Problematik wissen und um die Tiefe der Not, die den Missständen zugrunde liegt. Darüber hinaus müssen wir um den Weg wissen, der allein aus dieser Not herauszuführen vermag.

Die Verfechter der Revolution wussten es nicht. Der Schaden, den sie angingen, liegt in einer Tiefe, die keine menschliche Revolution erreicht. Revolution will Veränderung der bestehenden Verhältnisse. Aber bei aller Veränderung bleibt einer gleich: der Mensch. Er bleibt unerlöst, „dreckig", unfähig zum Frieden, wie eh und je. Revolution setzt zu flach an. Verhältnisse zu ändern mag eine gute Sache sein, aber das ist nicht wirklich Revolution. Wenn ein

Schiff so sehr zerstört ist, dass es langsam untergeht, mögen die Verhältnisse verändert werden. Man stelle die Möbel um, mache aus der Rumpelkammer ein Clubzimmer und wer weiß was alles. Das Vorzeichen ist, dass das Schiff zerstört ist und untergeht. Unter diesem Vorzeichen stehen auch alle erregenden Veränderungen. Sie wirbeln Staub auf, ändern aber nichts, auch wenn die Möbel vielleicht etwas günstiger stehen. Das Schiff ist durch die Erschütterungen, die sich durch das Umstellen ergaben, nur noch tiefer gesunken.

Wenn sich in Wirklichkeit etwas verändern soll, dann müssten wir umsteigen können auf ein anderes Schiff. Ohne Bild: Wir müssten umsteigen können auf eine andere Menschheit. Das bedeutet, wir müssten das Format haben, den Menschen zu verändern. Bei aller Macht, die wir sonst besitzen mögen, hier begegnen wir unserer Ohnmacht. Auch ein Eingriff in den genetischen Code des Menschen vermag ihn nicht zum Guten zu verändern, weil wir von uns aus nicht wissen, was das Gute eigentlich ist.

Ob alt oder jung, ob etablierte Gesellschaft, ob „Neue Linke" oder „Neue Rechte" – wir sitzen im gleichen Boot. Wir sind aus dem gleichen Holz geschnitzt. Innerhalb des Bootes Verhältnisse zu ändern – was ändert das schon wirklich? Wirkliche Revolution ist nur da, wo nicht nur die Verhältnisse geändert werden, sondern der Mensch. Nur dem könnte zugestanden werden, Revolutionär zu sein, der zu Letzterem in der Lage ist.

Wo ist der Revolutionär, der auf das Innere des Menschen zielt? Wir könnten uns die Sohlen ablaufen, wir finden ihn nicht unter den Menschen. Es gibt nur den einen, der das vermag: Jesus Christus, der Sohn des lebendigen Gottes!

3. „EIN NEUES HERZ"

Blicken wir zurück. Wir sahen, dass am Kreuz von Golgatha Wahrheit über dem Menschen aufbricht: Er ist unerlöst. An ihm klebt der „Dreck" der Weltgeschichte. Hier ist keine Illusion. Das ist der Mensch: Er kreuzigt die Wahrheit. Das ist sein Herz! Nehmen wir es nochmals zur Kenntnis: *Gottes Wort,* nicht Menschenwort, spricht so illusionslos über den Menschen: So ist der Mensch, dass er Christus, die Wahrheit, an den Galgen bringt. Das ist des Menschen Herz.

Nun geht es um den, der dieses menschliche Herz verändern kann, um den Gekreuzigten und Auferstandenen. Das ist schon im Alten Testament angekündigt: „Und ich werde euch ein neues Herz geben und einen neuen Geist in euer Inneres geben; und ich werde das steinerne Herz aus eurem Fleisch wegnehmen und euch ein fleischernes Herz geben. Und ich werde meinen Geist in euer Inneres geben; und ich werde machen, dass ihr in meinen Ordnungen lebt und meine Rechtsbestimmungen bewahrt und tut" (Hesekiel 36,26-27).

Mit unbeschreiblicher Aktualität greift Gottes Wort ein in die Not und Problematik unserer Zeit. „Ein neues Herz!" Das ist die Revolution Gottes. Das ist *seine* Veränderung. So spricht denn auch das Neue Testament von der einen absoluten Hoffnung, die die heißesten Utopien dieser Welt zu einer Kümmerlichkeit degradiert. Wir sind gerufen, Erben des Reiches Gottes zu sein! Daraufhin müssen wir wiedergeboren werden.

„Reich Gottes" – was ist das? Es ist das Reich, das Gott aus den Irrungen und Wirrungen dieser Welt selbst heraufführen wird. Es ist das Reich, zu dem es uns zieht, wenn wir Sehnsucht haben; denn es geht in der biblischen Verkündigung vom Reich Gottes nicht in erster Linie um einen Zustand, sondern wiederum um die eine Person: Jesus Christus. In einem der Zentralsätze der Ankündigung des Reiches Gottes wird uns gesagt, dass wir ihn sehen werden, „von Angesicht zu Angesicht" (1. Korinther 13,12). Jesus sprach von der Braut, die auf den Bräutigam wartet. Mit der Braut meinte er die Gemeinde, die der Wiederkunft ihres Herrn entgegensieht. Mit Bedacht wählte er wohl dieses Bild, das ja die größte Freude unter uns Menschen beschreibt: Hochzeitsfreude. Das wird das Reich Gottes sein, „Freude, Freude über Freude", weil wir ihn da sehen werden, an dem wir jetzt im Glauben unser Herz verloren haben.

Auf dieses Reich Gottes hin, das wir nur in Jesus und durch Jesus haben, müssen wir wiedergeboren werden! Darum geht es. Das Neue Testament sagt uns, wie das geschieht und keine Illusion bleibt.

Ein Rabbi kommt nachts zu Jesus. Er hatte den Herrn vom Reich Gottes reden gehört und dabei wohl vernommen, dass „normale" Frömmigkeit das Reich Gottes nicht erlangen wird. Nun treibt ihn die große Frage: „Wie komme ich denn hinein?"

Jesus sagt zu ihm: „Wahrlich, wahrlich,[22] ich sage dir: Wenn jemand nicht von neuem geboren wird, kann er das Reich Gottes nicht sehen." Der junge Mann, ein Theologe, begehrt auf: „Wie kann ein Mensch geboren werden, wenn er alt ist? Kann er etwa zum zweiten Mal in den Leib seiner Mutter hineingehen und geboren werden?" Jesus wiederholt seinen Satz, indem er ihn durch zwei Worte erklärt. „Wahrlich, wahrlich, ich sage dir: Wenn jemand nicht aus *Wasser* und *Geist* geboren wird, kann er nicht in das Reich Gottes hineingehen" (Johannes 3,3-5; ELB).

„Wenn jemand nicht von neuem geboren wird." Was sagt Gottes Sohn damit? Ein *neuer* Mensch muss her und nicht ein veränderter! Neue Geburt. Hier ist keine Rede von Umschwung oder Umerziehung, kein Appell an menschliche Qualitäten. „Neue Geburt" aus Wasser und Geist!

„Du brauchst Wasser", sagt Jesus dem, der den Titel „Lehrer Israels" trägt. Der Mann begreift. Er weiß, dass am Jordan jemand Menschen mit Wasser tauft zur Reinigung von ihren Sünden: Johannes der Täufer. „*Wasser* brauchst du", sagt Jesus zum *einen,* „um deine Sünden abzuwaschen, deinen Dreck. Du brauchst Erlösung aus der Unerlöstheit dieser Welt."

Zum *anderen:* „Den Heiligen Geist brauchst du!"

Ist der Geist des Menschen denn nicht genug? Seine Brillanz ist doch durch nichts zu übertreffen.

---

22 „Amen, amen" steht dort, wo Luther „wahrlich" übersetzt. *Amen* kommt aus dem Hebräischen und bedeutet: *Es steht fest* und *es gilt.* „Jesus gebraucht das Wort Amen, um die unumstößliche Endgültigkeit seines Wortes als des Gotteswortes zum Ausdruck zu bringen", Bibl. Theol. Handwörterbuch.

Nein! Er ist nicht genug. Wenn es um das Eigentliche geht – Gottes Reich –, dann ist mit dem menschlichen Geist nichts los. Seine ganze Brillanz erweist sich als untauglich für das Eigentliche. Was in den Menschen einbrechen muss, ist Gottes Geist. „Der Geist (Gottes) ist es, der lebendig macht" (Johannes 6,63). Ohne ihn leben wir auf der Seite des Todes. „Wasser" ruft zur Buße, zur Reinigung. Es bedeutet, die Ursache allen Unbehagens bei sich selbst erkennen. Das führt in den Zerbruch des Menschen. In diesem Zerbruch („Sterben") hebt der „neue Mensch" an. „Geist" bedeutet Leben. Der Geist leitet zum Lebendigen selbst, Jesus Christus, dem wir uns anvertrauen dürfen, um so, als vom Heiland Berührte, die geistliche Revolution weiterzutragen.

„Wenn jemand zu Christus gehört, ist er eine neue Schöpfung. Das Alte ist vergangen; etwas ganz Neues hat begonnen!", sagt Paulus (2. Korinther 5,17). Das ist der Umbruch, für den es keinen Vergleich gibt. Das ist jenes Revolutioniertwerden auf Gottes Reich hin, ausgelöst in der Ewigkeit und zur Ewigkeit hinzielend.

So provozierend bricht Christus ein in unseren verkürzten Horizont. Der Einzige, dem wir uns anvertrauen können. Er krempelt den Menschen um. Er verändert ihn wirklich. Denken wir an jenen zynischen, jungen Theologen Saul von Tharsus. Aus ihm machte Jesus einen Menschen, mit dem Gott Weltgeschichte geschrieben hat – Paulus. Oder ich denke an einen anderen jungen Mann, der mir vor etlichen Jahren sagte: „Meine Weltanschauung ist mein Portemonnaie. Wenn es voll ist, dann geht es mir gut.

Wenn es leer ist, dann geht es mir schlecht." Dann erlebte er Jesus. Er wurde Diakon und dient nun seinen Kranken mit Liebe und Hingabe. Aus einem Egoisten wurde ein Mann der Barmherzigkeit.

Ergebnis einer Wandlung, die sich durch einen Schöpfungsakt ereignet. Das ist Gottes Weise, die den Einzelnen nicht übergeht und damit auf den Kern der Menschheit kommt: Ungezählte Einzelne werden wiedergeboren. Es entsteht das, was die Kirche im dritten Artikel ihres Glaubensbekenntnisses mit dem Heiligen Geist in Zusammenhang bringt: die Gemeinschaft der Heiligen. Das ist nicht einfach organisierte Kirche. Gemeinschaft der Heiligen bedeutet: Millionen Christen innerhalb und außerhalb der Kirchen knüpfen das „Gottesgewebe des Vertrauens um den Erdball" (Paul Schütz).[23] „Über Millionen kleiner Schritte geht es. Das ist der Sinn der biblischen Rede vom ‚Nächsten' ... Nur so gibt es ‚Verantwortung für die Welt', in solchen kleinen Schritten von Millionen unbekannter Christen ... Nur über diesen konkreten Weg unter Ausschluss aller abstrakten Mittel finden wir den Nächsten, wird das Gebot erfüllt." [24]

So geschieht Gottes Neuwerden. Es ist Irrweg der Kirche, dass sie diese geistliche Erneuerung verinstitutionalisiert hat. Sie hat so getan, als ob Wasser allein genüge, und Kinder massenweise zur Taufe gebracht. Nein! „Der Geist ist es, der lebendig macht!" Ohne den Einbruch des Geistes Gottes, der uns vor

---

23 Paul Schütz, „Warum ich noch ein Christ bin", 1969, Seite 210 f.
24 ebd., Seite 489 f.

die Person Jesu führt, wird Taufe leicht zum „Brauch"
und gerät in die Gefahr, leere Form zu werden.

Dass Gott Mensch wird und damit die Kräfte der
Ewigkeit frei werden lässt, ist die Auflehnung des
Ewigen gegen den Untergang des Menschen. Das ist
die Verwandlung, die ihr Wesen in einer unbegreif-
lichen Liebe hat. Diese Verwandlung ist still – und
findet doch Gehör. Sie ist unsichtbar – und hat doch
sichtbare Wirkungen. Sie geschieht wie am Rande
der Ereignisse dieser Welt – und ist doch das zen-
trale Ereignis der Geschichte. Nur unter dem Zugriff
Gottes ändert sich der Mensch. So kommt es zum
Eigentlichen, zum Menschen, in den sich die Ewigkeit hineingesenkt hat. Das ist des Menschen Bestimmung. Das braucht unsere junge Generation, und das
braucht die Generation der Väter und Mütter: Neuge-
burt, die von Gott kommt.

Wer sich hineinnehmen lässt in die „Gotteskind-
schaft", der erhält nicht nur einen Sinn für sein eigenes Leben, der begreift auch den Sinn der Geschichte. Er ist hineingenommen in eine Hoffnung, die ihm
auch in großen Trübsalen die Freude an Jesus erhält.

4. HOFFNUNG

Der französische Existenzphilosoph Jean Paul Sartre hat einmal den Satz gesagt: „Ich bin der, der ich
sein werde." D. h. das, was die Zukunft bringen wird,
setzt das Vorzeichen vor mein heutiges Leben. Ist die
Zukunft glücklich, ist es nicht sehr erheblich, wenn
es mir zurzeit schlecht geht. Endet die Zukunft katas-
trophal, so ist auch schon meine Gegenwart – mag

sie noch so glücklich sein – von der kommenden Katastrophe her überschattet. Bei Sartre läuft alles aus im Nichts. Darum ist auch das Leben heute schon – nichts. Nihilismus, die herrschende Philosophie in unserer Zeit.

Gehen wir einem großen Nichts entgegen? Naturwissenschaftler sprechen von maximaler Entropie, dem Zustand, an dem alle Energie des Universums in Wärme umgewandelt und gleichmäßig über das Weltall verteilt sein wird. Das bedeutet, dass der Kosmos in völliger Bewegungslosigkeit erstarrt. Alle Vorgänge werden dadurch enden, somit auch die Zeit. Das mag noch undenkbar lange dauern, aber es ist längst keine Frage: Einmal wird alles aus sein.

Was ist das für eine Welt, die mit dem Vorzeichen antreten muss, dass sie ein Ende hat? Blicken wir allein auf die Geschichte des Menschen. Wie viele Tränen wären nie geflossen, wenn es diese Welt nicht gäbe! Wie viele Schreie wären nie laut geworden, wenn es sie nicht gäbe! Aber auch wie viel Glück und Seligkeit wären nie besungen worden, wenn es die Welt nie gegeben hätte. Aber nun gibt es das alles, die Tränen und die Schreie, die Seligkeiten und das Glück.

Wozu? Damit alles ausläuft in ein gähnendes Nichts? Wozu das Auf und Ab der Geschichte? Wozu Frieden oder Krieg? Wozu Glück oder Unglück? Wozu die Freude der Mütter über ihre Kinder, die Sorge der Väter um ihre Familien? Alles Leben ist dann gelebt unter dem Zeichen großer Sinnlosigkeit.

So geht durch unsere Welt die unheimliche Ahnung. Es ist, als schliche sie von Mensch zu Mensch, von Kontinent zu Kontinent: Wir leben zwar – und doch ist alles ohne Ziel und damit ohne Sinn. Wir treiben auf dem großen Meer der Zeit, hierhin und dorthin, aber wir treiben, treiben, treiben, haben keinen Kompass und kommen nirgends an. Wir haben nur eine Zukunft: Unser Leben wird versinken, als sei es nie gewesen. Warum war es dann überhaupt?

Das ist die Lage unseres geliebten Daseins ohne Gott: Es ist gefangen in Sinnlosigkeit. Da ist nichts, worauf zu hoffen wäre. Einen befreienden Ausblick gibt es nicht. Je größer die Hoffnungslosigkeit, umso größer die Sehnsucht nach dem Augenblick. Menschen wollen halten, was sie haben, und ahnen doch, dass sie es bald verlieren. Sie hängen ihr Leben an das Vergängliche, als würde es ewig halten, und es versinkt doch schon morgen in eine Tiefe, die keinen Boden kennt. Warum regt uns unser kleines Leben denn so auf? Weil es unser Ein und Alles ist. Welch eine arme Menschheit, die nur dieses kleine Dasein hat! Darum dieser Lärm um unser Leben. Es ist doch nur ein Lärm um Nichts.

Sinnlosigkeit – das ist die Aussicht einer Welt, die keine Hoffnung hat. Das ist der selbstheraufbeschworene Fluch einer von Gott abgewandten Menschheit: Es gibt keinen Sinn und kein Ziel der Geschichte.

Kommen wir zur Wahrheit.

So wenig der Mensch den Kosmos und sich selbst gemacht hat, so wenig kann er darüber befinden, dass es kein Ziel des Kosmos und seiner eigenen Geschichte gibt. Dass Himmel und Erde vergehen, ist im Neuen Testament längst gesagt, ehe wir es errechnet haben. Aber dass gerade in diesem Vergehen Neues kommt, kann dem wissenschaftlichen Griff nicht zugänglich sein. Wer ist er eigentlich, der Mensch? Er lebt auf einem Planeten, der sich im All wie ein Staubkorn verliert, führt auf diesem Staubkorn ein Dasein, das, in kosmische Zusammenhänge gestellt, kaum noch registrierbar ist, und beschließt, es gäbe kein Ziel.

Das *Wort,* das von den Geheimnissen Gottes redet, ist durchwirkt und durchwoben von Hoffnung. Die Bibel ist von ihrer ersten bis zur letzten Seite nur vom Ziel der Geschichte und der Schöpfung her zu verstehen. Doch auch hier gilt, dass das Geheimnis sich selbst schützt. Dem „Oberflächlichen" im Hören auf das Wort bleiben das Nichts und die Sinnlosigkeit. Das Wort aber, das aus der Tiefe Gottes an unser Ohr dringt, spricht von der großen Hoffnung.

Das Ziel, auf das alle Kreatur hofft – sei es bewusst oder unbewusst –, ist nicht zuerst ein beglückender Zustand, es ist die eine Person: Gott selbst! Darum ist Hoffnung im Neuen Testament nicht etwas Vages und Ungewisses. Es ist die große Gewissheit: Die Geschichte ist geöffnet auf Jesus Christus hin. Wer sich Jesus Christus verschließt, verschließt sich dem Sinn der Geschichte. Wer sich ihm öffnet, öffnet sich diesem Sinn, hat mit seinem kleinen Leben teil daran, ist hineingenommen in die Vollendung, in der Gott alles in allem sein wird.

Die Geschichte dieser Welt endet zu Füßen des wiederkommenden Herrn, Jesus Christus. Das ist das einhellige Zeugnis des Neuen Testaments. Dieses Ende der Geschichte ist der Beginn einer neuen Welt, des sichtbaren Reiches Gottes in Herrlichkeit, nach dem sich schon heute die Menschheit in unerkannter Sehnsucht verzehrt. Es ist uns versagt, durch Revolutionen oder andere Wege positiv zu seiner Verwirklichung beizutragen. Unser Beitrag wird immer nur negativer Art sein müssen, es sei denn, wir haben dieses durch Jesus veränderte Herz. Immerhin, auch der negative Beitrag, der zerstörende, auflösende, ist in den Heilsplan Gottes miteingefügt. Aufs Ende hin gesehen muss auch das Widergöttliche den Plänen Gottes dienen. „Auch Finsternis würde vor dir nicht verfinstern" (Psalm 139,12; ELB). Gott führt sein Reich selbst herauf. Er kommt durch alles Gespött der Zeit zu seinem Ziel.

Das Eingreifen Gottes in den Geschichtsprozess nennt die Bibel „Parusie", das sichtbare Kommen in Herrlichkeit des bis dahin in der Geschichte unsichtbar anwesenden Christus. Vom Tag des Herrn spricht das Neue Testament. Auf diesen Tag läuft es hinaus. Es ist der Tag der Freude, aber auch der Tränen. Es wird ein Geschrei anheben unter den Menschen, die die große Barmherzigkeit Gottes zeit ihres Lebens von sich gewiesen haben. Dieser Tag der Freude wird für sie zum Tag des Gerichts, der „großen Schlussabrechnung Gottes" (Karl Heim).

Gott führt den kommenden Tag unabhängig von uns Menschen herauf. Unsere Illusion, das Paradies auf Erden selbst zu errichten, ist geboren aus dem uralten Begehren des Menschen, dass er sein möchte wie Gott. Wo der Mensch seinem Schöpfer die Vollendung der Welt aus den Händen reißen will, wird zwar Heil gewollt, aber Zerstörung erreicht. Es kommt unter unseren Händen nicht zum Paradies, es kommt zur Hölle auf Erden. Würde Gott den Menschen sich selbst überlassen, überließe er ihn dem Chaos, das ihn am Ende verschlänge. Die Geschichte der Menschheit bewegt sich ohne Gott auf abschüssiger Bahn.

Natürlich ist das unpopulär in einer Welt, die den Glauben an den Menschen stillschweigend zum Dogma erhob. Aber es geht nicht um die Frage, was populär ist; es geht um die Frage, was wahr ist. Darum wenden wir uns an Gottes Wort. Es weiß davon, dass das Meer der Völker im Lauf der Jahre immer stärker aufgewühlt wird durch die entfesselten Stürme der Zeit. Niemand unter den Menschen sieht mehr, wohin es geht. Immer undurchsichtiger wird das Völkermeer. Einer aber blickt auf den Grund: Gott! Vor ihm ist das trübe Meer der Völker klar wie ein Kristall (Offenbarung 4,6). Nur von ihm her bekommen wir in unserer Zeit den so nötigen Durchblick, die Perspektive Gottes.

„Darüber hinaus haben wir die Botschaft der Propheten, die durch und durch zuverlässig ist. Ihr tut gut daran, euch an sie zu halten, denn sie ist wie eine Lampe, die an einem dunklen Ort scheint" (2. Petrus 1,19). Was sagt denn das prophetische Wort über die Zeit, die dem Kommen des Herrn vorausgeht?

„Ihr werdet von Kriegen hören; ihr werdet hören, dass Kriegsgefahr droht. Lasst euch dadurch nicht erschrecken. Es muss so kommen, aber das Ende ist es noch nicht. Ein Volk wird sich gegen das andere erheben und ein Reich gegen das andere. Hungersnöte und Erdbeben werden bald diese Gegend heimsuchen und bald jene. Doch das alles ist erst der Anfang, es ist wie der Beginn von Geburtswehen." (Matthäus 24,6-8)

Es klingt wie ein Bericht aus unseren Tagen. Wer sagt uns, dass er nicht unsere Tage meint? Was ist das für ein Gott! Unsere Welt in ihrer ganzen Zerrissenheit ist ungewollt die Auslegung des prophetischen Wortes. Immer deutlicher schält sich die Erfüllung heraus. Biblische Prophetie erfährt in unserer Zeit einen großen Teil ihrer Bestätigung. Ungehindert und souverän stellt sich ein, was nach Gottes Ratschlag kommen muss. Unsere gefallene Welt muss es in ihrem Sturz noch herausschreien, dass Gottes Wort die Wahrheit ist. Zum Ende hin überschlagen sich die Dinge. Es geht Zug um Zug. Atemberaubende Ereignisse und Katastrophen schießen hervor. Da sind die Kriege und die Kriegsgerüchte. Immer wieder flammt es auf an den Brennpunkten unserer Erde. Umweltkatastrophen jagen Ängste ein, Belastung der Atmosphäre mit Schadstoffen, ein immer größer werdendes Ozonloch. All das drängt auf die Tagesordnung der Politik, ebenso auf die Tagesordnung der Kirchen. So hören wir aus dem Raum der Christenheit den leidenschaftlichen und wohlgemeinten Ruf: „Da liegt die Gefahr für die Menschheit, in den Umweltsünden, in den Kriegen." Nein! Und nochmals: nein! Darin die Gefahrenquellen zu sehen und in ihrer Beseitigung die Heilung, hieße, Geschwüre zu behandeln (was natürlich wichtig und richtig ist), die aber nicht die Ursache einer Krankheit sind, sondern ihre Folgen. Der Leib ist krank. Das Blut ist vergiftet. Hier liegt die Gefahr! Der kranke Leib braucht das Blut, das ihn heilt. Das Blut Jesu Christi ist die einzig heilende Kraft. Fasse es, wer es kann. Sehe es, wer Augen hat zu sehen.

Die Christen, das sei nicht verschwiegen, werden in jener Zeit Verführungen und Trübsalen zu widerstehen haben. „‚Gebt Acht, dass euch niemand irreführt!', erwiderte Jesus. ‚Denn viele werden unter meinem Namen auftreten; sie werden behaupten, sie seien der Messias, und werden viele irreführen. ... Man wird euch verraten, verfolgen und töten. Um meines Namens willen werdet ihr von allen Völkern gehasst werden. Viele werden vom Glauben abfallen; sie werden einander verraten, sie werden einander hassen. Falsche Propheten werden in großer Zahl auftreten und viele irreführen. Und weil die Gesetzlosigkeit überhand nehmen wird, wird bei den meisten die Liebe erkalten. Wer aber bis ans Ende standhaft bleibt, wird gerettet. Die Botschaft vom Reich Gottes wird in der ganzen Welt verkündet werden, damit alle Völker sie hören. Dann erst kommt das Ende.'" (Matthäus 24,4-5.9-14)

Es wird eine schwere Zeit heraufziehen für die Gemeinde Jesu, eine Zeit weltweiter Christenverfolgung. Doch steht inmitten dieser Ankündigung das Wort ihres Herrn: *„Erschreckt nicht!"* In jener Zeit der Tränen, der Qualen und Trübsale braucht die Gemeinde nicht in Panik und Schrecken zu verfallen. Das alles *muss* kommen. So ist es im Heilsplan Gottes angesagt. In allem wird die Gemeinde die unsichtbare Hand ihres Herrn selbst erleben. Erschreckt nicht!

„Wachet!" – das ist das andere Wort, das die Reden Jesu über die Endzeit durchdringt. Wachet!

Widersteht auch der frommen Lüge jener Zeit, den falschen Propheten. Sie faszinieren durch logische Schlüsse und verführen durch ihre Friedensparolen, die sie in großem Sendungsbewusstsein verkünden. Sie sind nicht die Friedensbringer. Sie sind es nur zum Schein. Hört nicht auf ihr Wort! Hört auf Gottes Wort! Lasst euch nicht verwirren! Hier braucht die Gemeinde den Blick, der die Geister unterscheidet. Er kann nur gegeben werden durch den, der alle Geister durchleuchtet, den Heiligen Geist, Jesus selbst.

Was bedeutet dieses „Wachet!" noch? Meint es den ängstlichen, lähmenden Blick auf die undurchsichtige Zukunft? Nein, es bedeutet, das Wesentliche von aufdringlichen Wichtigkeiten zu unterscheiden. Es bedeutet, das zu tun und sich nicht davon abbringen zu lassen, was beim Kommen des Herrn allein Bestand haben wird. Was aber ist das?

Vor einiger Zeit sah ich den Isenheimer Altar von Matthias Grünewald. Über der Kreuzigungsszene ist der erhöhte, gen Himmel gefahrene Christus zu sehen. Unbeschreiblich, wie der Künstler die Herrlichkeit Jesu in Farben ausgedrückt hat. Trotz der Herrlichkeit des Erhöhten ist dennoch sein Leiden und Sterben gerade hier zu sehen. Christus, der wie eine Sonne strahlt, hat seine Arme erhoben. Deutlich sind die Wunden in seinen Händen zu sehen, die Nägelmale und das Blut, das zu dem Lichterglanz in einem seltsamen Kontrast steht. Da kann es einem wie Schuppen von den Augen fallen: Der erhöhte Christus wird der Welt und der Christenheit einmal seine Hände hinhalten, seine Wunden, sein Blut, und wird sagen: „Dieses mein Blut, das ich für euch vergossen habe, war das große Thema, das euch zu eurer Zeit hätte beschäftigen sollen. Hat es euch angerührt? Mein Opfertod am Kreuz war das eine Wesentliche, das Heil, Rettung und Leben bot. Habt ihr dieses Opfer als Gottes Gabe an euch angenommen oder nicht?" Den Kirchen wird er sagen: „Im Zeichen meiner Wunden und meines Kreuzes hat eure Zeit gestanden. Habt ihr unter diesem Zeichen gelebt? Habt ihr die Menschen zu mir gerufen, unter mein Kreuz? Habt ihr ihnen gesagt, wer ich wirklich bin, der Heiland der Welt?"

Das wird die Frucht sein, die in Ewigkeit noch bleibt: Menschen, die in der Zeit den Ewigen fanden. Es ist die Aufgabe der Gemeinde, zu Jesus zu rufen – zur Zeit und zur Unzeit. Sie hat nicht zu fragen, ob die Welt das will, sie hat zu erkennen, dass die Welt das braucht. Aus ihren eigenen Reihen werden die Verführer aufstehen, die andere Dinge für wichtiger halten.

Wachet! In diesem Ruf ist die große Verführung signalisiert.

Von „Wehen" spricht Jesus, wenn er die Verführungen, Erschütterungen und Drangsale anvisiert. Wehen sind qualvoll. Aber sie bedeuten nicht das Ende einer Geschichte. Sie leiten das Sichtbarwerden des neuen Lebens ein, das bis dahin verborgen war. So wie die Wehen einer werdenden Mutter hoffend durchstanden werden im Blick auf das „freudige Ereignis", das da kommt, so dürfen die Christen in dieser Zeit alle Erschütterungen durchstehen von dem Kommen ihres Herrn her, der sich in diesen Erschütterungen ansagt. Es ist uns ein Blick gewährt hinüber zu jenem kommenden Tag und zu der anderen, der neuen Welt. Die Bibel verwendet dafür das Bild, das die größte Freude beschreibt, die unter Menschen erlebt werden kann: Hochzeitsfreude! Jesus Christus kommt als der Bräutigam, der die Gemeinde als seine Braut zur Hochzeit führt. Das Ziel der Geschichte wird Freude sein, weil wir bei Gott sein werden.

Von diesem Ziel her zu leben gibt uns eine Distanz zu den Dingen, einen „Hauch von jenem haben, als hätte man nicht" (Thielicke). Gleichzeitig bekommen wir den Blick für das Wesentliche. Wir werden das tun, was in Ewigkeit noch wiedergefunden wird. Von diesem Ziel her zu leben lässt Mütter wieder beten für ihre Kinder, lässt Väter zu den Söhnen sagen, dass es einen Retter gibt, lässt Schüler zu ihren Klassenkameraden gehen, Studenten zu ihren Kommilitonen, Arbeiter zu ihren Kollegen, um sie zu Jesus Christus zu rufen. Christen gehen mit der Botschaft vom Leben in eine sterbende Welt. Sie verkünden inmitten von Sinnlosigkeiten einen ewigen Sinn. Sie haben eine Hoffnung, die sie trägt und die sie weitertragen: „Alles vergeht, aber unser Herr kommt."

Das Geheimnis geht durch die Welt. Menschen sagen es weiter, und darin meldet der Herr sich zu Wort. Der, der den Kosmos in Händen hält, ist es selbst, der uns ruft: „Ich muss mit dir reden!"

Klaus Eickhoff
Freude
Warum wir nicht genug davon kriegen
Tb, 64 S., 11 x 18 cm
Best.-Nr. 271 611
ISBN 978-3-86353-611-4

Wir suchen nach Freude – wenn es geht, nach Freude, die endgültig ist, die am Ende noch gilt. „Alle Freuden unseres Lebens aber sind zu klein, um uns endgültig zu erfreuen. Sie sind darum zu klein, weil unsere Sehnsucht nach Freude zu groß ist."

„Fürchtet euch nicht. Siehe, ich verkündige euch große Freude!" So steht es im Buch der Bücher. Gemeint ist Christus, die Freude in Person. Auf IHN hin sind wir geschaffen. Dieses Buch lädt Sie ein, die Freude bei IHM zu suchen, weil sie bei IHM zu finden ist. Dabei bringt es Sie mit seinen wohltuenden Wahrheiten immer wieder zum Schmunzeln.